KB053104

재난의 시대,
교육의 방향을 다시 묻다

재난의 시대, 교육의 방향을 다시 묻다

초판 1쇄 발행 2020년 12월 28일 초판 3쇄 발행 2022년 5월 10일
글쓴이 조한혜정 외 펴낸이 현병호 편집 이수진, 장희숙 펴낸곳 도서출판 민들레
출판등록 1998년 8월 28일 제10-1632호 주소 서울시 성북구 동소문로 47-15
전화 02) 322-1603 이메일 mindlebook@gmail.com 홈페이지 www.mindle.org
ISBN 978-89-88613-96-2 (03370)

민들레 선집 **8**

지속가능한 삶을 위한 교육의 길을 찾다 ——

편집실 엮음

재난의 시대,
교육의 방향을 다시 묻다

기후위기와 코로나 팬데믹 속에서 지속가능한 삶의 가능성을 찾으며
교육의 본질과 학교의 역할에 대해 다시 생각해본다.

민들레

재난 속에서도 삶을 기획할 용기

2020년은 누구도 피할 수 없었던 '재난의 해'로 기억될 듯합니다. 현대의 위험은 과거와 달리 국가와 계급을 가리지 않고 파괴적인 영향을 미친다는 특징을 가지고 있습니다(울리히 벡, 『위험사회』). 100여 년 전만 해도 지구에서 14퍼센트 정도를 차지했던 인간의 영역이 지금은 77퍼센트에 이른다고 합니다. 인간이 먹고 마시고 누리는 것들을 얻기 위해 부수고, 베어내고, 갈아엎어버려서입니다. 안전하고 편리한 삶을 위해 인류는 개발과 성장을 도모했지만, 과도한 산업화로 새로운 재난을 만나 또 다른 위험에 처해 있습니다.

코로나19가 더욱 비극적인 것은, 더불어 살아야 하는 종인 사람과 사람 사이에 전파된다는 점입니다. 낯선 재난 앞에서 호모 사피엔스의 강점이 오히려 약점이 되고 있습니다. 자라나는 아이들의 삶이 더욱 걱정입니다. 다양한 관계를 맺으며 사회성을 길러야 하는 시기에 어울리지 마라, 대화하지 마라, 손잡지 마라… 이런 말들을 들어야 합니다. 그렇잖아도 해야 할 것과 하지 말아야 할 것이 엄격히 구분되어 있던 아이들에게 우리는 비교육적인 상황을 장려해야 하는 현실에 처해 있습니다.

친구, 급식, 놀이…. 사회적 관계를 만들어내는 학교의 기능이 멈추면서 아이들의 삶은 점점 고립되고 있습니다. 하지만 학교를 안 가는 와중에도 학원은 다닙니다. 청소년들은 성적 때문, 아동들은 돌봄 때문이지요. 학교와 공공기관이 문을 닫은 사이, 아이들이 갈 곳이 사교육 시장과 PC방이라는 사실은 우리 교육의 빈 고리가 무엇인지 명료히 보여줍니다.

미증유의 사태로 우왕좌왕하는 와중에 함께 길을 찾고자 격월간 『민들레』에서는 올해 세 번에 걸쳐 코로나19와 관련된 기획 기사를 실었습니다. 코로나 시대의 연결과 관계에 대해, 온라인 학습과 교육의 변화에 대해, 그리고 재난의 시대를 통과하는 아이들의 몸과 마음에 대해서입니다. 이 이야기들 속에는 코로나19가 아닐지라도 이미 우리 앞에 던져져 있던 과제를 관통하는 여러 질문이 담겨 있는 것 같습니다. 우리가 되찾아야 할 배움의 본질, 교육의 방향을 제시하고 있어서 언제 다시 읽어도 도움이 될 것입니다. 재난의 시대를 살아가는 시민으로서 좀 더 넓은 시야로 사회의 흐름을 읽는 데 도움이 되었으면 합니다.

곳곳에서 포스트post 코로나 담론이 넘쳐납니다. '포스트'라는 말에는 이 순간을 얼른 지나보내고픈 바람이 담긴 듯합니다. 하지만 주어진 현실을 온전히 받아들이는 데서부터 그 이후의 삶이 시작되지 않을까 싶습니다. 전문가들은 일상을 회복하기까지는 꽤 오랜 시간이 걸릴 거라 예측합니다. 내일로 삶을 유예하지 않고, 맞닥뜨린 재난 속에서도 '오늘'을 기획하고 꾸려나갈 용기가 필요한 이때, 서둘러 다시 엮어내는 이 책이 그 한 걸음을 내딛는 데 힘이 될 수 있으면 좋겠습니다.

2020년 12월

장희숙(『민들레』 편집장)

차 례

3

4

1부
다시, 교육이란 무엇인가

온라인 수업이 교육에 던지는 질문

기울어진 운동장

코로나19라는 위기는 문명과 자본의 가장 취약한 지점을 알려 주는 일종의 리트머스 시험지가 아닌가 싶다. 외국인, 소수자, 특정 지역을 향한 혐오 문제에서부터 비정규직, 소상공인, 특수직 노동자의 경제적 문제까지 자본주의의 약한 고리들이 선명하게 드러나고 있다. 이는 우리 사회가 풀어야 할 시급한 과제가 무엇인지를 명징하게 보여준다.

이충일 _ 다온초등학교 교사, 경기새학교네트워크 정책팀장, 아동문학평론가로 활동하고 있다. 평론집 『통증의 맛』, 『해방 후 아동문학의 지형과 담론』, 함께 쓴 책 『교사를 위한 온작품 읽기』 등을 냈다.

교육도 예외는 아니다. 대개 온라인은 오프라인에 비해 차별이 덜한 공간이라는 인식이 지배적이었던 게 사실이다. 비용을 줄이고 기회를 무한하게 확장할 수 있다는 점에서 온라인은 미래 교육의 대안으로 거론되어왔다. 하지만 2020년, 급작스럽게 호출된 온라인 교육은 이러한 장점을 살리기에 역부족인 듯하다.

먼저 온라인 수업이 이루어지는 공간이 '가정'이라는 점에서 가정 환경이 미치는 영향에 대해 거론하지 않을 수 없다. 가정에 어떤 성능의 기자재가 있느냐에 따라 교육의 질은 확연히 달라진다. 5인치짜리 스마트폰과 30인치가 넘는 곡면형 모니터의 차이는 설명이 필요 없을 것이다. 보호자의 존재 역시 교육적 차별을 유발하는 주요 변인이다. 학습자의 연령이 낮을수록 그 한계는 극명해진다. 설령 보호자가 있더라도 다문화가정이나 조손가정 아이들은 실제적인 도움을 받기가 쉽지 않다. 그리고 이 취약한 고리의 교집합에 놓여 있을 장애 학생들을 생각하면 정신이 아찔해진다. 오히려 학교라는 공간이 훨씬 '덜 기울어진 운동장'이 아닐까 싶다.

그야말로 운석처럼 날아든 온라인 상황은 우리 사회의 가장 약한 고리를 따라 차별의 그림자를 드리웠고, '교육의 공정성'이라는 시급한 과제를 남겼다. 우리 교육이 어디에 샅바를 걸어야 하고, 무엇과 씨름해야 하는지를 코로나19가 여실히 보여준 셈이다. 공정한 국가를 꿈꾸는 정부가 가장 먼저 고민해야 할 교육적 의제, 그 머리말에 무엇이 놓여야 하는지가 분명해졌다. 온라인 수업을 풀어 말하자면, '가정에서 이루어지는 원격 수업'이다. 가정에서 유발되는 차별의 변인을 찾아 대책을 마련하는 것, 국가의 시급한 책무가 아닐 수 없다.

그렇다면 교육 영역에 던져진 과제는 무엇일까? 원격 수업의 특성상 개인의 역량 차이는 치명적인 결핍으로 작용하기 마련이다. 온라인 수업은 '디지털 세대'라는 화려한 수사 뒤에 숨어 있던 수많은 '컴맹'들을 수면 위로 떠오르게 했다. 포노 사피엔스인 그들이 컴퓨터 문맹이었다는 사실은 적잖은 충격으로 다가왔다. 그들은 스마트폰을 활용하는 특정 영역에는 뛰어나지만, 인터넷과 컴퓨터 환경에는 매우 취약하다는 사실이 드러났다. 초등학생 경우에는 온라인 플랫폼에 접속하는 단계에서부터 버퍼링이 일어났고, 컴퓨터 자판은 '가까이하기에 너무 먼 당신'이었다.

온라인 수업에서는 컴퓨터를 다루는 능력의 차이가 차별을 유발하는 빌미가 될 수 있다. 경기도교육연구원의 〈중학생 미디어 문화와 미디어 리터러시 교육 방향 연구〉(2018)를 보면 스마트폰 보급 이후 각 가정의 PC 보급률이 급격히 떨어지고 있는데, 특히 저소득층으로 갈수록 스마트폰 의존도가 높다는 사실을 확인할 수 있다. 스마트폰이 보편화됐지만 PC 접근성에는 편차가 생기고 있다는 얘기다.

현재 초등학교 교육과정에서는 6학년에야 디지털 교육을 받을 수 있다. 이전 학년에서도 창의적 체험활동 시간을 활용하여 정보통신 교육을 받긴 하지만, 배움이 일어나기에는 턱없이 부족한 시간이다. 안전, 인권, 환경 교육에 학교 행사까지 창의적 체험활동에 죄다 몰려 있는 상황에서 정보통신 교육은 일 년 동안 3~4차시를 할당받기도 빠듯하다. 공교육만으로는 컴퓨터 활용 능력을 갖추기가 거의 불가능한 셈이다. 그러다 6학년이 되면 아이는 실과에서 '프로그래밍 요소와 구조'를 마주하게 되는 게 현실이다. 코딩교육의 중요성을 감안하더라도, 기초공사를 생략한 채 골조부터 세우기에 급급한 것은 아닌지 심각하게 되돌아봐야 한다. 디지털 기초교육을 초등학교에서 방기한다면 이 문제를 사교육에 떠넘기는 것과 다르지 않다.

온라인 수업은 디지털 리터러시를 강화하기 위한 체계적인 커리큘럼이 필요하다는 사실을 여실히 보여주었다. 무엇보다 학습자 스스로가 문제를 해결할 수 있는 역량을 키우는 것이야말로 온라인 수업에서 발생하는 차별을 최소화할 수 있는 방안이기 때문이다.

온라인 속의 오염된 언어

기울어진 운동장만큼이나 시급한 과제가 있다면 온라인 운동장을 물들이고 있는 오염된 언어일 것이다. 사실 온라인에서 이루어지는 혐오와 폭력의 언어들은 어제오늘의 얘기가 아니다. 다만 온라인 개학으로 인터넷이 학교를 대체하면서 이 문제가 더욱 공포스러운 현실로 다가왔을 뿐이다. 교사들이 아이들과의 소통을 위해 온라인 커뮤니티를 개설할 때 가장 걱정스러웠던 것도 바로 '폭력적인 언어 사용' 문제다. 불필요한 단체 채팅을 자제시키고 비밀로 주고받는 개인 채팅을 금지했지만, 이 또한 임시방편에 불과하다.

그러다 지난 3월 31일 드디어 터질 게 터졌다. 초등학생을 대상으로 한 EBS 라이브 특강에서 쌍방향 소통 시스템이 열리자 악성 채팅으로 금세 오염되는 일이 벌어진 것이다. 채팅방이 익명으로 이루어진다는 점을 악용해 욕설과 음담패설로 도배가 되었다. 이 중에는 강사의 외모를 성적으로 비하하는 충격적인 내용도 상당수 포함돼 있었다. 악성 댓글의 주체가 모두 초등학생이라고 볼 수는 없겠지만, 전국의 아이들이 참여하는 교육방송 채널에서 이런 일이 버젓이 일어났다는 게 당혹스러울 따름이다. 이보다 놀라운 것은 우리 사회의 무덤덤한 반응이다. 이 충격적인 일이 이슈도 되지 않은 채 어물쩍 넘어가고 있는 현실이 뜨악할 지경이다.

이것은 우리에게 디지털 시민교육이 절실하게 필요한 이유를 여실히 보여주는 장면이다. '지금 여기' 아이들은, 디지털 시민으로 살고는 있으나 정작 '디지털 시민교육'은 제대로 받아본 적이 없는 세대다. 민감한 촉수를 내밀어야 할 교육기관과 학교마저 디지털 시민교육이 생경하기는 마찬가지다. 그 사이에 온라인은 추악한 언어들로 오염되고 있으며, 이제는 온라인 수업 현장에까지 범람하는 지경에 이르렀다. 디지털 리터러시와 디지털 시민교육은 공교육이 개척해가야 할 새로운 영토라는 인식이 절실해 보인다.

교사는 왜 자괴감에 빠지는가?

A(교직 경력 26년 차) : 내 교직 생활 중에 온라인 수업을 하게 될 줄은 꿈에도 몰랐다. 그래도 나름 열심히 해왔다고 생각했는데, 갑자기 무능한 교사가 된 것 같아 자괴감이 들고 너무 우울하다.

B(교직 경력 7년 차) : 처음에는 온라인 수업 콘텐츠를 만드는 게 은근 재미있었지만 점점 번아웃 시점이 다가오는 것을 느낀다. 가장 자괴감이 드는 것은 내가 이렇게 죽어라 힘들게 만들어도 사설업체에서 만든 콘텐츠와는 비교가 안 된다는 거다.

C(교직 경력 18년 차) : 누가 그러더라. "우리는 지금 최고의 교육이 아니라 최선의 교육을 하고 있는" 거라고. 처음에는 이 말이 위로가 되었는데, 사태가 길어지면서 누군가가 만들어 놓은 자료를 편하게 실어나르고 있는 나를 발견했다. 몸은 편해졌는데, 마음은 영 불편하다.

동료 교사들과 온라인 수업을 점검하는 자리에서 가장 많이 언급된 단어는 '자괴감' '답답함' '공허함' 등이다. 효능감의 부재와 모호해진 교사의 역할 속에서 혼돈과 불안의 터널을 지나고 있는 것은 비단 우리 학교만의 이야기는 아닐 것이다.

　그런데 터널 속에서 빛의 존재를 깨닫듯, 팬데믹 상황에서 빛을 발하는 가치들이 있다. 학생 중심, 관계, 협업, 공동체 같은 단어들은 너무 뻔해서 귓등으로 스치곤 했는데, 비대면은 그 뻔한 말들의 소중함을 일깨워주고 있는 듯하다.

　'교사가 교육과정이다'라는 말도 마찬가지다. 온라인 개학 이후, 교사들은 교과서를 재현하는 콘텐츠 프로그래머로서 교사의 정체성을 찾으려 했던 건 아닐까? 교과서에 하나하나 밑줄을 그으며 동영상을 녹화하는가 하면, 세련된 템플릿으로 외관을 꾸미고, 눈에 띄는 섬네일로 학습자를 유혹하는 데 공을 들였다. 온 힘을 다 쏟았는데 정작 자존감은 점점 바닥을 향한다. 다양한 콘텐츠와 화려한 그래픽으로 디자인된 사설업체 프로그램을 보았을 때, 클릭으로 넘어가기 바쁜 무표정한 얼굴의 온라인 학습자(긴급돌봄 학생)를 보았을 때 교사는 자괴감에 빠질 수밖에 없다.

　단언컨대 교과 내용을 디지털 콘텐츠로 재현하는 일은 교사의 역할이 아니다. 수업의 목표가 오롯이 학습목표 도달에 있지 않거니와 지금의 방식으로는 학습목표를 달성하는 것조차 쉽지 않기 때문이다. 너무도 당연한 이야기이지만 교사는 교육과정의 알파이다. 어쩌면 온라인 수업이 교과 간의 경계를 허물고, 성취기준을 융합적으로 재구성해갈 수 있는 지렛대가 될 수 있지 않을까? 교과 간 통합과 통섭을 통해 사유의 힘을 길러주는 쪽으로 목표를 잡는다면 충분히 가능해 보인다.

그러기 위해서는 한 교과, 한 차시의 분량을 수업의 단위로 삼는 관성부터 과감하게 버려야 한다. 학생들에게 실제적인 배움이 일어날 수 있는 목표를 세우고 여러 교과의 지식과 활동, 이론과 실천의 융합을 통해 접근해가는 것이다. 그런 의미에서 십여 년간 누적되어온 다양한 프로젝트 수업 사례들은 온라인 수업을 설계하는 데 좋은 대안으로 보인다. 여기에 온라인과 오프라인 수업의 적절한 배분만 이루어진다면 말이다.

한편 이러한 도전이 결실을 맺기 위해서는 상부기관의 강력한 의지도 중요하다. 기성세대에게 교과서는 일종의 정전이자 벗어나기 힘든 굴레와 같다. 대개 학교는 진보와 변화가 아닌 감사와 민원으로부터 안전한 쪽을 택하기 마련이다. 살아 움직이는 교육과정보다 결재를 받았는지가 중요하고, 교과서의 공백이 민원으로 채워지지 않을까 하는 우려가 제기될 수 있다는 얘기다.

상부기관의 든든한 지원이 없다면 소모적인 논쟁은 불 보듯 훤하다. 법령의 문턱을 낮추어 교육과정 운영에 대한 자율성을 최대한 부여하는 동시에, 단위 학교에 적극적인 지지를 피력해주는 일이 절실한 까닭이다. 펭수의 성공 비결 뒤에는 든든한 정책적 지원이 있었다는 사실을 떠올려야 한다. 젊은 작가들에게 마음껏 상상의 나래를 펼 수 있는 충분한 시간과 기회를 준 결과, 펭수라는 매력적인 캐릭터가 탄생할 수 있었다. 이제는 EBS가 아니라 학교에서 수많은 펭수들이 등장해야 할 때가 아닐까.

매크로에서 드러나는 교육의 본질

4차 산업혁명이니 디지털 시대니 하는 말들이 유행처럼 떠다녔지만 2020년이 온라인 개학의 원년이 될 줄 누군들 예견했을까? '지금 여기'에 당도한 미래 앞에서 우리는 어떤 준비를 해야 할까? 그런 의미에서 이번에는 카메라 렌즈를 교육의 가장 중심부를 향해 맞춰보자.

여기에서 잠시 코로나 이후의 학교 모습을 상상해보자. 수업에 걸림돌이 되었던 각종 디지털 기자재가 확충되고, 온라인 교수학습 플랫폼도 다양하게 구축되고, 교사들은 능숙한 디지털 사용자가 되기 위해 자기계발에 매진할 것이다. 개별화 교육에 대한 고민도 심도 있게 이루어질 테다. 온라인을 통한 학생, 학부모와의 관계 맺기, 학교 행사 추진 등도 다양한 형식들이 제기될 것이다. 하지만 배움과 교육이라는 궁극적인 물음과 마주하지 않는다면, 이러한 노력도 유통기한이 오래 가지는 못할 것이다. 요컨대 '지식 전달 중심의 입시교육'이라는 목표가 변하지 않는다면,

디지털은 오히려 학교의 종언을 앞당기는 빌미가 될 것이 자명하기 때문이다.

매크로(자동 반복 실행) 프로그램의 등장은 그러한 미래가 진짜 현실이 될 수 있다는 엄중한 신호가 아닌가 싶다. 이번 코로나 국면에서 유명 인터넷 강사들의 수강 신청이 급증하는 사이, 학교 온라인 수업에는 매크로가 등장했다. 여러 창을 한꺼번에 열어 놓으면 자동으로 클릭을 해주는 프로그램이 수업 현장에 이용된 것이다. 이 사건을 두고, 학생들의 기본 자질이 부족하다거나 공교육의 질이 사교육을 못 따라가서 벌어진 일이라는 식의 판단은 매우 단선적인 진단에 불과하다.

정확하게 말하자면 지금의 교육제도가 아이들을 부정 수강자로 내몰았다고 봐야 할 것이다. 입시를 앞둔 고등학생들이 등교가 멈춘 기간에 어떻게 입시에 대비했는지를 전수 조사한다면 어떤 결과가 나올까? 이 기간에 특정 지역에서 고액 과외가 더욱 성행했다는 것은 공공연한 사실이다. 사설 온라인 강좌들은 발 빠르게 수능 강좌를 열어 수강생들을 불러 모았고, 이조차 부담스러운 학생들은 무료 EBS 강좌에 기대야 했을 것이다. 이 상황에서 EBS 온라인 클래스에 올라온 수업 영상이 이 아이들에게 미더운 교육 콘텐츠가 되었을까? 매크로 프로그램을 실행시킨 행위가 결코 옳은 일은 아니겠으나, 그들을 비난할 만큼 우리 제도가 정당한지는 되돌아봐야 할 것이다.

혹자는 학교의 온라인 수업을 사교육 수준 이상으로 끌어올리면 되지 않냐고 반문할 수도 있다. 물론 수업의 질적 개선은 교사의 과제다. 하지만 '교육이 온전히 지식의 전달로 수렴될 수 있는가' '교육의 공공성은 과연 무엇인가'와 같은 질문이 동반되지 않는다면 교사의 역할은 입시 강사와 무엇이 다를까? 입시가 교육의 목표로 군림하는 한 온라인은 가장 효율적인 공간으로, 학교는 가장 열등한 공간으로 재편될 것이 자명하다. 당장에는 강의의 신이라 불리는 일타강사와 최고의 디지털 기술자로 구성된 디지털 에듀테인먼트가 주도하게 될 것이다. 물론 일타강사들도 머지않은 미래에 AI 강사에게 자리를 내줘야 하겠지만 말이다.

코로나19가 멱살 잡고 끌어당긴 미래에서, 우리는 교육의 본질에 대해 다시금 생각해봐야 한다. 암기와 경쟁, 순위가 지배하는 현재의 입시제도는 또 다른 부정 수강자를 양산할 수밖에 없다. 부정 수강자를 찾아내는 일이 이번 온라인 수업의 한 단면이었다면, 포스트 코로나 시대에는 훼손된 교육의 정신을 회복하고 교육의 참된 의미를 찾아내는 일이 과제가 되어야 할 것이다.

새로운 교육 생태계의 출발점

"샘, 뭐 해요?"

"그냥 있어. 왜?"

"그냥요."

한 녀석이 뜬금없이 채팅으로 말을 걸어왔다. 왜냐고 물으면 무심한 척 '그냥요'라고 답하는 게 전부다. 그런데 놀라운 것은 이 말이 2년 동안 녀석이 나한테 처음으로 건넨 인사라는 거다. 우리는 2년 동안 전담 교과 시간에 만났고, 산만한 수업 태도 때문에 아이는 자주 혼이 나곤 했다. 그런데 누가 알았을까? 랜선 채팅이 녀석과 나를 이어주는 다리가 될 줄. 처음에는 내가 일방적으로 떠들면 "네" 하고 끊어 말하는 게 고작이더니, 어느 날 갑자기 먼저 말을 걸기 시작했다. 별거 아닌 싱거운 대화지만, 등교 수업 때 아이의 눈빛은 예전과 사뭇 달라졌음을 느낀다.

일대일 랜선 채팅 효과에 고무된 나는 매일 다섯 명씩 돌아가면서 관계 맺기를 시도하고 있다. 채팅이 주는 익숙함과 적당한 거리감은 교사와 학생 간의 라포를 형성하는 데 매우 유효한 도구가 아닐까 싶다. 무엇보다 우리는 어떤 식으로든 연결되기를 바라고, 연결될 수 있다는 사실이 작은 희망으로 다가온다.

또한 힘이 되었던 말 중에는 '오고 싶은 학교, 만나고 싶은 아이들'을 빼놓을 수 없겠다. 등교하는 날 새벽 5시부터 눈이 번쩍 떠졌다는 아이의 이야기나, "학교를 일주일에 한 번만 가는 게 나의 고민"이라고 쓴 어떤 아이의 배움 노트는 팬데믹에서 건져올린 희망꾸러미 같은 것이었다.

서로를 받쳐주고 있는 든든한 동료가 있다는 것도 희망이다.

지난 몇 개월, 교사들은 일평생 사용해본 적 없는 근육들을 한꺼번에 사용하고 있다. 극도의 피로감 속에 번아웃의 쓰나미를 막아낸 것은 협업, 동료, 연대와 같은 지극히 인간다운 모습이었다. 유튜브나 플랫폼을 통해 앞선 경험을 공유하고, 힘든 현실을 명랑한 에너지로 전환하려는 노력이 이어졌다. 정상적인 호흡이 어려운 상황에서 서로의 들숨과 날숨이 이 엄혹한 시기를 버틸 수 있는 백신이 된 셈이다.

하지만 교사들의 열정이 영구적인 백신이 될 수는 없다. 시스템이 뒷받침되고, 전면적인 개혁이 이루어져야 한다. 중세의 흑사병은 유럽 인구의 절반을 앗아갔지만 아이러니하게도 봉건제를 무너뜨리는 계기가 되었다. 1930년대 세계적 대공황을 거치면서 스웨덴은 복지 자본주의의 새로운 패러다임을 만들었다. AI가 인간을 꺾고 바둑의 왕좌에 오르자, 인문학의 열풍이 불기 시작한 것도 비슷한 맥락일 것이다.

코로나19가 한국 교육의 새로운 생태계를 구축하는 출발점이 되어야 한다. 그러기 위해서는 다양한 교육현장 보고서와 오답노트가 제출되어야 할 것이다. 그리고 언젠가 그 노트 위에 '교육의 본질을 다시 세우다'라는 제목이 새겨지길 소망한다.

(vol. 130, 2020. 7-8)

온라인 학습과 새로운 교육의 상상력

교육 생태계의 변화

대학본부에서 공지가 내려왔다. 일부 실기과목에 한해 5월 중 대면 수업을 진행할 수 있으며 이론수업은 학기 말까지 비대면 (온라인 수업)을 원칙으로 한다는 내용이었다. 이번 학기 수업에서 '만난' 학생들을 교실에서 직접 볼 일이 없어진 것이다. 순간 힘이 빠졌고, 2021년 봄 학기 대면 수업 속개를 예상한다는 미국의 몇몇 대학들이 떠올랐다.

김성우 _ 성찰과 소통, 연대의 언어교육을 꿈꾸는 응용언어학자. 『어머니와 나』, 『단단한 영어공부』를 썼고, 공저로 『유튜브는 책을 집어삼킬 것인가』를 펴냈다.

초중고의 온라인 개학과 관련하여 눈에 띈 수식어는 '사상 초유'였다. 대한민국의 공교육 출범 이후 학교라는 물리적 공간을 배제하고 전면 온라인으로 수업을 하는 일은 처음이다. 교사들은 시간과 노력을 최대한 쏟아부으며 전대미문의 사태에 대응했다. 몇몇 IT 기업들은 단시간에 인프라를 구축하기 위해 동분서주했고, 가정에서는 온라인 수업을 받을 수 있는 하드웨어와 공간을 서둘러 마련했다. 학부모들은 '종일 실시간 지원 모드'로 자녀들의 수업에 함께 임했고, 교육당국은 좌충우돌하며 이 모든 과정을 조율해왔다. 그 결과 5월 현재 온라인 수업은 비교적 안정적으로 진행되고 있다. 코로나19의 확산이 주춤해지고 순차적 등교가 추진되고 있는 지금, 온라인 개학의 성과와 한계를 되짚고 더 나은 교육 생태계를 만들기 위한 토양을 다지는 작업이 절실하다.

온라인 수업의 안착이 일각에서 말하듯 '미래교육을 앞당긴 것'은 아니다. 그보다는 긴급상황에서 교육을 위한 최소한의 토대를 마련했다는 것이 적절한 평가일 듯하다. 온라인 교육에 엄청난 노력과 자원이 투입되었다고 해서 그 모든 것을 긍정할 이유는 없으며, 우리 사회가 성취한 것에 박수를 보내면서도 그것의 의미와 한계를 명확히 인식할 필요가 있다.

온라인 개학과 관련한 언론 보도는 다음과 같이 요약된다. '감염병 재난 사태로 등교가 불가능해졌다. 오프라인 교육은 신속하게 온라인으로 옮겨졌다. 시행착오가 있었으나 안정을 찾아가고 있다. 오프라인(학교)에서 배우던 것들을 이제는 온라인(동영상과 화상학습)을 통해 배운다. 교육의 본질은 바뀌지 않았으며 내용전달의 통로가 바뀌었을 뿐이다. 온라인 교육 전면 실시는 이제껏 경험해보지 못한 일이며, 그 자체로 다가올 교육의 모습을 담고 있다.'

하지만 나는 '교육이 오프라인에서 온라인으로 이동했다'는 패러다임으로는 지금의 변화를 제대로 이해할 수 없다고 생각한다. 보다 적확하고 풍부하게 이 사태를 담아내기 위해서는 '삶이 돌이킬 수 없이 변했고, 삶과 교육이 접속하는 방식 또한 달라지고 있다'는 관점을 채택하는 것이 적절하다. 그저 교육이 '오프'에서 '온'으로 자리를 바꾼 것이 아니라, 삶과 교육이 엮이는 방식이 되돌릴 수 없을 만큼 변화한 것이다.

의례가 사라진 교육,
몸의 관계가 탈각된 '온라인 교실'

온라인 개학을 '몸과 의례ritual, 시공간의 관점'에서 살펴보자. 평상시 아이들의 삶이 교육과 접속하는 가장 중요한 의례는 '등하교'이다. 학교에 갔다가 돌아오는 행위를 기준으로 일련의 사건들이 조직되고 실행된다. 성공적인 등하교를 위해서는 우선,

시간을 적절히 조직해야 한다. 등교를 위해서는 일정 시간 잠을 자야 한다. 이는 전날 밤의 활동을 어느 정도 제한한다. 또한 학교에 가고 집으로 돌아오는 시간을 염두에 두고 일과를 계획해야 한다. 초등 저학년 경우라면 등하교 시간에 맞추어 보호자들 또한 일정을 조정해야 한다. 친인척이나 돌봄노동자의 도움이 필요할 수도 있다.

이처럼 성공적인 등하교를 위해서는 학생 본인이, 가족이, 대중교통의 운행 주체가, 교사가, 학교가, 여러 노동자들이 책임져야 할 영역이 있다. 누가 무엇을 맡고 몇 시에 어떤 식으로 움직일지 함께 계획을 짜진 않더라도 이들의 협업이 기막히게 맞물려 돌아가야만 등하교라는 의례를 성공적으로 수행할 수 있다. 그런데 이것은 학교생활의 극히 일부분일 뿐이다. 수업의 시작과 끝, 준비물을 가져오는 일, 점심식사, 동아리 활동, 학교 행사, 도서관 같은 학교시설 이용 등 많은 것이 여러 사람들의 보이지 않는 노동에 기대고 있다. 실로 엄청나게 복잡한 '사회계약'이 한 치의 빈틈도 없이 실행되고 있는 것이다.

등하교라는 의례와 함께 생각해야 할 것이 '몸'의 문제다. 오프라인과 온라인은 교수학습 방식의 변화를 낳지만 더욱 근본적으로 몸의 변화를 가져온다. "어, 생각보다 콘텐츠가 괜찮네" 하고 넘어갈 것이 아니라, 해당 콘텐츠를 하루 종일 시청해야 할 학습자의 몸에 대해 고민해야 하는 것이다. 몸에 대한 고려가 없는 온

라인 교육은 결국 '훈육에 적합한 몸'만을 겨냥한 교육으로 전락
하게 된다. 그것은 실로 교육의 몰락, 아니 타락이다.

학교는 배움을 목표로 '많은 몸들이 모여 사회를 이루는 공간'
이다. 시끄럽고 삐걱거릴지라도 그 안에는 한 공간 안에 여러 사
람이 함께 존재함으로써 발생하는 사회 · 문화적, 맥락적, 제도적
'분위기'에서 생겨나는 힘과 활기가 존재한다. 물리적 공간에서
문화와 규율을 공유하는 개인들은 결코 개별자로 환원될 수 없
다. 그런데 온라인에서는 이 같은 관계의 유기성이 탈각된다. 집
에서 혼자 동영상을 시청하는 몸은 교실에서 급우들과 함께하는
몸과 다르며, 화면 안에 수십 명이 들어왔을 때 작동하는 사회성
은 한 교실 안에서 수십 명의 몸이 작동시키는 사회성과 다르다.
이 차이는 표면적인 차이가 아닌 인지적, 정서적, 사회적, 생리학
적 차이다.

의례의 수행, 그를 둘러싼 노동, 학습자의 몸에 대한 세심한 고
려가 없는 '온라인 교육'은 일종의 균열을 수반했다. 오프라인에
서 가르치던 내용을 온라인으로 옮기는 과정에서 '몸과 공간의
변화'라는 급진적 변수를 무시한 채 '내용과 시간'을 잡아두려 했
던 것이다. 그렇기에 현재 여러 교육주체들의 헌신적 노력에도
불구하고 온라인 수업의 한계는 명확하다. 여기서 우리는 관계와
공간이 변화한 상황에서 학습 시간과 학습 내용을 동일하게 유지
하는 것이 바람직한가 하는 질문을 던지게 된다.

교육에서 시공간을 다루는 방법

적잖은 사람들이 집에서는 도저히 공부가 안 된다고 한다. 그래서 누군가는 조용한 카페를 찾고 또 누군가는 도서관을 찾는다. 이는 비단 의지의 부족 때문만은 아니다. 개인이 생각하고 느끼는 방식은 그가 속한 공간과 떼어놓을 수 없기 때문이다. 그렇다면 배움의 공간이 바뀌고 그 안에 놓이는 몸이 달라지는 상황에서 '교시'로 대표되는 시간 구획이, 그 안에서 다뤄지는 내용이 그대로인 것은 자연스러운가? 보다 근본적인 물음을 던져보자. 학교에서의 시간과 집에서의 시간 흐름이 같은가? 선생님과 친구들의 얼굴을 마주 보는 시간과 화면에 배치된 얼굴을 보고 콘텐츠를 시청하는 시간이 동일한 밀도와 점성을 가지는가?

개인의 지각, 주의, 집중, 지속, 정서, 태도, 흥미, 몸짓 등은 그를 둘러싼 물리적, 사회적 환경과 밀접하게 엮여 있다. 사람들 사이에 있는 교사와 학습자의 몸은 홀로 있을 때와 같을 수 없다. 두 시간 동안 영화 한 편 보기도 쉽지 않은데 하루 5~6시간 동영상을 시청하는 것을 당연하게 여길 수는 없다. 한 주에 20학점을 동영상 강의로 듣고 과제를 꼬박꼬박 해내야 하는 처지라면 수업에 오롯이 집중하기 힘들다. 수업과 쉬는 시간, 점심시간과 등하교가 빚어내는 일상의 리듬을 학습자의 방 안에서 구현할 수는 없다. 무엇보다도 학교라는 공간 속에서 일어나는 학습은 사회적 관계와 공동체의 규율하에서 이루어진다. 이는 방 안 의자에 앉아 홀로 화면을 대하는 수업, 컴퓨터와 클라우드에 의해 매개되는 학습과 확연히 다를 수밖에 없다.

그런데도 지금의 온라인 교육은 기본적으로 '교시'를 기준으로 한다. 많은 교육사회학자들이 지적하듯, 오랜 시간 유지되어 온 학교의 '교시 체제'는 학습자 간의 차이를 무시한다. 개인별로 이해와 배움, 집중과 지속의 시간이 다르다는 것을 '고의로 망각'한다. 공교육 체제의 특성상 모든 이들에게 일정한 양과 수준 이상의 지식을 전수해야 한다는 목표 아래 '필요악'으로 유지되고 있는 것이다.

그렇다면 추후 전면적 온라인 학습이 또다시 실행될 때 우리는 여전히 균일하게 구획된 '교시 체제'를 고집해야 할까? 아니면 근대 공교육이 고집해온 표준화된 시간 구획을 폐기하고 개개인이 새로운 배움의 호흡을 지어가도록 해야 할까?

어쩌면 바로 지금이, 한 공간에 여러 몸이 모였기 때문에 불가능했던 일들을 디자인하고 실행할 수 있는 계기일지도 모른다. 신체적, 인지적, 정서적, 사회적 변화를 수반하는 시공간의 변화, 그리고 같은 공간 안에 '함께 존재함'의 상실을 있는 그대로 인정하고 새로운 배움을 상상할 수 있는 적기 말이다. 온라인 교육은 오프라인 교육의 '카피 앤 페이스트copy & paste'가 될 필요가 없다. 그 자체로 새로운 영감의 원천이 될 수 있어야 한다.

온라인 학습의 실체를 들여다보는 일

　다양한 디지털 매체를 반영하는 리터러시 교육을 위해 어떤 실천이 필요한지 학생, 교사, 교육당국의 관점에서 살펴보자. 먼저 학생의 경우 온라인 교육 경험을 성찰하고 이를 통해 자신에 대한 이해를 도모하는 리터러시 교육이 필요하다. '온라인에서 나는 어떻게 배우고 있으며 이는 내게 어떤 의미인가'를 이해하는 작업, 새로운 학습방식에 대한 일종의 메타인지metacognition**1**를 촉진하는 리터러시 교육을 실천하는 것이다.

　온라인 학습에 대한 이해는 자신의 몸 상태와 감정의 변화를 기록하고 그렇게 느끼는 이유를 기술하는 것으로 시작할 수 있다. 온라인 교육과 기존의 교실 학습을 비교하면서 서로 다른 모드의 배움이 가져오는 상이한 효과를 살필 수도 있다. 선생님의 이야기를 들으면서 공부하는 것과 동영상 강의를 통해 학습하는 것의 차이를 체계적으로 비교·대조해보는 것이다. 단순한 비교를 넘어 멀티미디어를 비판적으로 수용할 수 있는 능력을 키우는 일도 필요하다.

　이를 위해 뉴스 및 미디어 리터러시를 강화하는 활동을 모색할 수 있다. 나아가 책을 읽을 때와 유튜브 동영상을 볼 때 어떤

---

1 인식에 대한 인식. 자신이 아는 것과 모르는 것을 자각함으로써 학습력을 높여준다.

차이가 있는지, 그런 차이가 생기는 이유는 무엇인지, 특정 미디어에서 어려움을 느낀다면 그 이유는 무엇인지에 대해 성찰하는 글을 써보면서 미디어에 대한 메타인지 능력의 발달을 촉진할 수 있다. 이를 통해 학습자는 텍스트, 이미지, 영상 등 다양한 미디어들을 비판적으로 성찰하고 조망하는 능력을 키울 수 있다.

교사의 경우 지금을 자신의 미디어 리터러시를 획기적으로 강화하는 기회로 삼을 수 있다. '등 떠밀려 가는' 상황을 주체적으로 받아들여 교수능력 향상의 계기로 만드는 것이다. 이는 미디어 활용 역량의 강화에 그치지 않고 학습자의 세계를 더욱 깊이 이해하는 방향으로 나아가야 한다. 자신이 경험한 리터러시와 다수의 학습자가 경험하는 리터러시 사이에 다리를 놓기 위해 노력하는 것이다.

나를 비롯한 많은 교사는 학습자들의 미디어 생활을 막연하게 짐작하지만 구체적으로 경험하지는 못한다. 예를 들어 '동영상의 장단점'에 대해서는 추상적으로 이해하고 있을지 모르지만, '내가 가르치는 학생들이 경험하는 동영상의 종류, 시청 방식, 그것이 갖고 있는 가능성과 한계'에 대해서는 깊이 이해하지 못한다. 학습자들과의 진솔한 대화와 다양한 설문을 통해 '랜선 학습'의 장단점을 분석하고, 학습자들이 온라인 학습에서 경험한 바를 구체적으로 파악할 필요가 있다.

마지막으로 교육당국은 '온라인'의 성공적 구축에 환호하기보다는 온라인 '학습'의 가능성과 한계에 주목해야 한다. 기술 중심적 사고를 경계하고, 새로운 교육의 가능성을 개척하는 온라인 개학이었는지 다각도로 검토해야 한다. 핵심은 교육불평등에 대한 세심한 감각을 키우고, 필수적인 지원체계를 확립하는 것이다. 온라인 학습을 진행하는 데 장애가 되는 가정환경의 불평등, 인터넷망의 불평등, 실제 수업을 진행하기 위한 휴대폰, 태블릿, PC 등 하드웨어의 불평등, 디지털 리터러시의 불평등, 학부모의 돌봄과 지원의 불평등을 면밀히 살펴야 한다. 아울러 다문화가정 학생들이 겪는 사회·문화적, 언어적 어려움을 헤아리고 장애 학생들의 학습권을 실질적으로 보장할 방안을 찾아야 한다. 온라인으로 수업을 진행한 경험을 업적으로 치장하기보다는 치열한 반성을 통해 더 나은 교육을 위한 자산으로 삼아야 한다.

변화하는 삶의 지형 속에서 교육은 무엇이어야 하는가

디지털 기반 교육의 일정한 성과에도 불구하고 온라인 교육에서의 몸의 변화, 시공간의 변화, 학생과 교사가 공존하는 방식의 변화로 인해 발생하는 문제는 '어떻게 콘텐츠를 잘 만들 것인가'나 '어떻게 인프라를 확충할 것인가'의 고민으로 해결할 수 없다. 교사들의 헌신적인 노력, 열악한 상황에서 최선의 교육을 만들어

내려는 궁리는 존경스럽지만, 교육당국과 우리 사회가 온라인 교육의 미래를 고민한다면 이보다 더 근본적인 문제에 천착해야 한다. 그것은 '어떻게 온라인 교육으로 기존의 교육을 지속할 것인가'라는 질문을 과감하게 버리고, '새로운 삶의 질서와 기술적 토대가 열어젖히고 있는 새로운 교육의 가능성은 무엇인가?'라고 묻는 데서 시작한다.

그렇기에 '온라인 교육을 어떻게 할 것인가' 하는 질문은 '어떤 콘텐츠를 만들고 나누어줄 것인가'를 넘어, 변화하는 삶의 지형 속에서 교육은 무엇이어야 하는가에 대한 논의로 발전해야 한다. '온라인 교수학습'도 중요하지만 '일상의 재구조화 속에서 교육의 본질과 과정을 재구조화하는 작업'이 절실하다. 이런 의미에서 지금 우리에게 필요한 '온라인'은 '오프라인의 대체제'가 아니라, 기존의 교육을 급진적으로 재구성하기 위한 도약대이다.

아울러 리터러시 교육자들은 온라인 개학의 경험 속에서 새로운 실천의 실마리를 찾아야 한다. 온라인 상호작용의 한계를 살피고, 물리적 공간에서의 면대면 교육이 가진 잠재력을 최대한 발휘해야 한다. 디지털 매체의 가능성을 확장하면서 교실학습과의 유기적 연계를 꾀할 필요가 있다. 무엇보다 학생들이 여러 매체를 연결하면서 그들 사이의 차이점을 이해하고 다양한 미디어가 자신의 학습에 어떤 영향을 미치는지를 파악할 수 있도록 돕는 성찰적 리터러시 교육을 실천해야 할 것이다.

코로나19 사태는 우리 모두가 예외 없이 연결되어 있으며 상호의존적 관계로 묶여 있음을 깨닫게 했다. 온라인 수업은 컴퓨터로 매개된 상호작용의 밀도와 질감이 교실수업과는 판이하다는 것을 가르쳐주었다. 이것이 우리에게 주는 교훈은 교육을 '콘텐츠의 전달'이 아닌 '생태계의 구축'으로 바라보아야 한다는 점이다. 교실도 온라인도 '닫힌 시스템'이 아닌 '열린 생태계'이다. 이제 더 이상 교실과 온라인을 분리해 생각할 수 없다. 학생들은 교과서의 텍스트뿐 아니라 다양한 미디어를, 그들이 빚어내는 세계의 모양을 읽어낸다. 이를 기반으로 또 다른 세계를 쓰고, 짓고, 공유한다. 이 점에 천착하면서 학습자의 몸, 경험, 시공간을 헤아릴 때 리터러시 교육의 지평이 확장되고 새로운 상상력 또한 결실을 맺을 수 있을 것이다.

(vol. 129, 2020. 5-6)

교육, 서로를 연결하는 일

지금 우리가 무엇을 잃고 있을까

꺾이는 듯했던 코로나19가 확산되면서 학교 문을 다시 닫는 상황이 벌어지고 있다. 가뜩이나 몸을 잘 움직이지 않는 요즘 아이들이 등하교도 안 하고 온라인 수업으로 더 움직이지 않게 되면서 여러 가지 이상 증상이 나타나고 있다. 한두 시간만 외출해도 쉽게 지친다거나 어딘가에 부딪혀 사소한 상처를 잘 입는다고 한다. 오랜만에 친구들과 농구를 하고서 관절에 이상이 생겨 병원을 찾기도 한다. 우리 몸은 습관에 매우 민감하다. 두어 달만 몸

현병호 _ 격월간 『민들레』 발행인. 『스스로 서서 서로를 살리는 교육』 등을 썼다.

을 쓰지 않으면 근육도 몸의 유연성도 눈에 띄게 줄어든다.

직장인들은 재택근무가 이어지면서 출퇴근이 사라진 일상에 적응하는 일이 생각보다 쉽지 않다고 하소연한다. 집에서 일하는 프리랜서나 작가들 중에는 아침마다 출근하는 '의식'을 일부러 치르는 경우가 있다. 옷을 갈아입고 동네를 한 바퀴 돌고는 집으로 돌아와 옆방 작업실에 들어감으로써 몸과 마음이 일할 준비를 갖추게 된다. 학생들의 경우도 비슷할 것이다. '등하교'라는 일상의 의식은 아이들로 하여금 몸과 마음이 적절한 긴장과 이완 상태를 유지할 수 있게 해준다.

학교를 '다니는' 일은 알게 모르게 몸을 쓰는 일이기도 하다. 아이들은 학교를 오가는 과정에서 조금이나마 걷게 되고, 친구들과 어울리다 보면 몸을 움직이지 않을 수 없다. 모든 동물의 새끼들은 함께 뒹굴면서 민첩성과 근육을 기른다. 몸을 움직여 노는 일은 몸을 통한 커뮤니케이션 연습이기도 하다. 체육 시간이 흔히 공 하나 던져주고 마는 '아나공' 시간으로 폄하되기도 하지만, 공을 주고받으며 노는 것은 학교에서 아이들이 몸으로 배울 수 있는 중요한 배움 중 하나다. 공을 주고받는 과정에서 협업 능력이 자라고, 공을 매개로 맥락을 읽는 훈련도 하게 된다.

코로나 팬데믹으로 이런 모든 활동이 금지되고 있다. 전염 위험을 막고 사회를 유지하기 위해서는 사람들 사이에 '물리적' 거리를 두어야지 '사회적' 거리를 만드는 일이 되어서는 곤란하다.

친교활동과 경제활동이 모두 멈추면 사회가 유지될 수 없다. 코로나 바이러스보다 사회가 멈춤으로써 건강과 생명을 잃는 사람들이 더 많아질 수도 있다. 집에서 온 가족이 부대끼는 시간이 늘어나고, 실업과 휴업으로 인한 경제적 어려움이 가중되면서 여성들의 자살률이 급증하고 있다.[1] 방역당국이 거리두기 2단계와 3단계 사이에서 고민하다 2.5단계를 시행하게 된 까닭도 거기 있을 것이다.

인류의 상호작용 총량이 일시적으로 줄어들고 있으나 큰 방향은 바뀌지 않을 것이다. 농업혁명과 산업혁명은 생산량을 급격히 늘린 반면 노동의 질을 떨어뜨렸다. 하지만 이전으로 되돌아갈 수 없다. 표준화에 기반한 산업화가 유동성을 높여 세계화를 낳고, 마침내 기후위기와 코로나 팬데믹을 불러왔지만, 이렇게 제 발등을 찍고서 시행착오를 시정해온 과정이 인류의 역사다. 부작용을 줄이면서 시행착오를 바로잡는 일을 끊임없이 하는 수밖에 없다.

기후위기와 코로나 팬데믹으로 인해 인류는 서로가 긴밀하게 연결되어 있음을 확연히 깨닫게 되었다. 전 지구적 규모로 기후위기 대응 행동이 일어나고, 잘 사는 나라들이 기금을 모아 백신

---

1 2020년 상반기 여성 자살률이 지난해보다 7.1% 늘어났다. 코로나 2차 유행이 일찍 시작된 일본에서는 2020년 8월 여성 자살률이 지난해보다 40% 증가했다.

을 개발해 가난한 나라 사람들에게도 공급하는 코백스COVAX 프로젝트 같은 것이 추진되는 것도 지구촌의 새로운 모습이다. 인간만이 아니라 모든 생명체와 무생물들까지도 긴밀하게 연결되어 있는 것이 세상의 본래 모습임을 이제라도 다들 깨닫게 된다면 이 위기는 새로운 세상으로 나아가는 디딤돌이 될 수 있다.

코로나 시대에 신체성과 관계성 회복하기

사회적 동물인 아이들은 본능적으로 친구를 찾는다. 누군가와 긴밀하게 연결되기를 바란다. 친구들과 어울리다 보면 에너지가 충전되기 때문일 것이다. 식물의 생장점이 외부 환경과 긴밀하게 상호작용하는 꼭짓점에 있듯이, 긴밀한 상호작용 없이는 성장을 도모하기 힘들다. 아이들의 성장을 도우려면 서로 패스를 주고받을 수 있는 환경을 만들어야 한다. 아무리 굼뜬 아이도 자기 앞으로 공이 오면 저절로 움직이게 된다.

모든 에너지가 그렇듯이 아이들을 성장시키는 에너지 또한 방향성이 있다. 세상과 더 긴밀하게 상호작용하는 쪽이다. 아이들이 자라면서 엄마아빠보다 친구들을 더 찾게 되는 것도 그 때문이다. 상호작용의 총량이 늘어나는 방향이다. 아이들은 마음에 드는 친구 앞에서 살짝 긴장한다. 동성이든 이성이든 자신을 긴장시키는 친구를 사귀고 싶어 한다. 생명력이 더 고양되기 때문이다. 학교가 그나마 아이들의 성장에 도움이 되는 것은 그런 친구를 만날 기회를 준다는 점이다.

상호작용이 활발하려면 몸과 마음이 경직되지 않아야 한다. 바꿔 말하면 생명력으로 충만할 때 상호작용이 가장 활발할 수 있다. 신체성과 관계성은 사실 다른 말이 아니다. 식물은 흙과 햇볕, 비바람과의 긴밀한 상호작용 속에서 성장하고 꽃을 피운다. 아이들이 배우고 성장하기 위해서도 경직되지 않고 생기 넘치는 긴장감이 필요하다. '건강한 몸에 건강한 정신이 깃든다'는 말을 상호작용의 관점에서 다시 생각해볼 필요가 있다. 주변과 단절된 상태의 몸과 정신은 건강할 수 없다.

수업 시간에 책상에 널브러져 있는 아이들은 이완된 게 아니라 맥(락)이 빠진 것이다. 연결이 느슨해지거나 끊어진 상태다. 입시교육 시스템 안에서 자신의 자리를 찾지 못하고 의미를 발견하지 못하기 때문이다. 하지만 그런 아이도 쉬는 시간이 되면 생생하게 살아나서는 거울을 들여다보며 화장을 고치고 친구들과 수다를 떠느라 시간 가는 줄 모른다. 입시교육기관으로서의 학교에서는 제 자리를 찾지 못하는 아이들도 커뮤니티 공간으로서의 학교에서는 제 자리를 찾는다.

아이들이 세상과 긴밀하게 연결될 수 있도록 돕는 것이 교육이다. 공동체의 주체, 삶의 주체가 될 수 있도록 돕는 것이다. 공동체의 주체로서 자신을 인식하는 사람은 널브러져 있을 수 없다. 가족이든 학교든 국가든 자신이 속한 공동체의 사건 속에 올라타 있을 때 우리는 주체성을 갖고 행동할 수 있다. 공부를 잘하든 못하든 공동체에서 자신의 자리를 찾아 제 역할을 하게 되면 그 속에서 성장이 일어난다.

사회적 거리두기가 물리적 거리두기를 넘어 친교 커뮤니티 자체를 마비시키지 않도록 수위를 조절하는 지혜가 필요하다. 가까운 이들끼리 좀 더 깊은 만남을 도모할 수 있는 방법을 생각해보자. 작은 놀이 모둠, 학습 모둠이 곳곳에 생겨날 수 있도록 적극적으로 지원할 필요가 있다. 삼삼오오 모여서 함께 할 수 있는 활동까지 막는 것은 지나친 안전제일주의다. 작은 규모의 모둠활동은 밀집과 밀접, 밀폐, 3밀을 피하면서도 할 수 있다. '만에 하나'의 가능성까지 염려하다 보면 삶이 가능하지 않다.

학교 밖에서도 친구들을 만날 수 있는 연결망을 만들어보자. 예전에 친구네 집에서 모여 놀면서 같이 숙제도 하고 그랬던 것처럼. 아파트의 경우 친구네 집을 제 집 드나들듯 하기가 쉽지는 않겠지만 시간을 정해 모일 수는 있을 것이다. 집을 좀 더 개방하고 아이들을 매개로 부모들끼리도 가까워지면 육아공동체에 가까운 이웃사촌들이 만들어질 수도 있다. 이 위기를 건강하게 넘어서기 위해서도 소규모 친교의 장을 더 적극적으로 만들 필요가 있다.

코로나 사태가 장기화되면서 홈스쿨링이나 농촌유학을 선택하는 가정들이 늘고 있다. 아이들이 어쩔 수 없이 집에 있게 된 상황에서 적극적으로 홈스쿨링을 시도하거나 아예 아이의 거주지를 시골로 옮겨 마을의 작은 학교를 다니게 하기도 한다. 현실적인 차선책이다. 가정과 학교, 사회가 협력하여 다양한 교육모델을 만들어야 할 때다. 마을배움터 같은 공유지가 늘어나서 학교의 빈자리를 메울 수 있어도 좋을 것이다.

산업사회의 대량생산 방식에 최적화된 대규모 학교의 유효기간이 코로나 사태로 인해 더 앞당겨지고 있다. 당장 큰 학교를 쪼갤 수는 없지만, 운영 방식을 다르게 할 수는 있지 않을까. '학교 안의 학교' 방식으로 의사결정 단위를 작게 만드는 것도 한 방법이다. 학년별, 학급별로 자율적으로 움직이려면 먼저 교사의 자율성이 보장되어야 한다. 이는 학교 민주화와도 직결된다. 코로나 위기를 학교문화를 바꾸는 기회로 만들어보자.

새삼, 학교란 무엇인가

디지털 원주민들을 위한 새로운 교육의 필요성을 주장하는 존 카우치John D. Couch는 근대 학교교육에 대해 이렇게 말한다.

"지금 학교교육은 대본이 있는 텔레비전 프로그램과 비슷하다. 학생은 배우 역할을 한다(그리고 실제 배우와 마찬가지로 열심히 애쓰다가 소진된다). 교사는 작가(교육정책 입안자)가 만들고 프로듀서(정치가와 행정가)가 승인한 아주 엄격히 정해진 대본(교과서)대로 배우들을 이끄는 책임을 맡은 감독이다."[2]

애플의 교육 담당 부사장이기도 한 저자는 온라인을 통한 상호작용을 높게 평가하지만, 넷플릭스가 아무리 많은 콘텐츠를 보유하고 있다 해도 무대가 있는 극장의 기능까지 대신할 수는 없을 것이다. 교실은 연극 무대 같은 곳이다. 다른 점이 있다면 배우들이 관객 역할까지 겸한다는 점이다. 교과서라는 대본이 있지만 실제로 대본대로 연기하지는 않는다.

교사도 아이들도 꼭두각시는 아니다. 교사의 이야기는 틈틈이 옆길로 새고, 아이들은 딴청도 피우면서 돌발 상황에 애드립과 임기응변으로 대처하며 극을 끌어간다. 그리고 막이 내리면 막간에 관객들끼리 펼치는 막간극이 펼쳐진다. 아무런 대본도 없이 펼쳐내는 이 즉흥극이야말로 관객들이 극장에 오는 진짜 이유일지도 모른다. 막간의 시간이 짧은 것이 흠이지만, 그만큼 압축적으로 극이 펼쳐지기도 한다.

사실 아이들에게 가장 필요한 것은 함께 즉흥극을 펼칠 동료 배우들과 그것을 봐줄 관객들, 다시 말해 친구들이다. 어찌 보면 극장과 무대는 그들을 모으는 장치다. 하지만 극장만 무대를 제공할 수 있는 것은 아니다. 야외무대도 가능하고, 도심에서 플래

---

2 존 카우치 · 제이슨 타운 쏨, 김영선 옮김, 『교실이 없는 시대가 온다』, 어크로스.

시 몹 같은 즉흥극을 펼칠 수도 있다. 무대는 어디나 될 수 있다. 정해진 대본이 필요한 것도 아니다. 배우와 관객이 있으면 된다. 거기에 훌륭한 연출가가 있으면 배우들은 더 빨리 성장하고 극의 수준도 높아질 것이다. 디지털 시대, 코로나 시대에 맞는 새로운 대본을 고민하기에 앞서 아이들의 성장에 무엇이 필요한지를 들여다보아야 한다.

디지털 시대, 비대면의 시대에 학교의 역할, 교사의 역할은 무엇일까? 근대교육을 넘어서는 미래학교의 모델을 만들고자 야심차게 문을 연 알트스쿨의 실패는 우리에게 많은 것을 시사한다. 2013년에 구글 수석 엔지니어가 설립하고 페이스북 창업자 저커버그 등이 거액을 투자하여 IT 기술을 기반으로 한 첨단 학교를 만들었지만, 어떤 아이는 몇 년이 지나도록 편지조차 쓰지 못하는 학습부진아가 되었다. 아이들이 노트북으로 개인맞춤형 교육 콘텐츠에 접속해 스스로 학습하고 교사는 코디네이터 역할에 충실하면 이상적인 교육이 이루어질 거라고 생각했지만 결과는 참담했다.[3]

알트스쿨에서 3년간 교사로 일했던 폴 프랜스는 이렇게 말한다. "아이들이 영상을 보며 무언가를 배우긴 하겠죠. 하지만 더 중요한 건 교실의 문화와 학습 환경, 사람으로서의 선생님이 교

---

3 9개 학교 중 5개교는 폐교되고 나머지는 다른 교육기관에 인수되었다.

실에 있어야 한다는 거예요."**4**

교사라는 존재 자체가 어떤 교육 기능을 하는지 컴퓨터 알고리즘은 모른다. 흉내를 낼 수도 없을 것이다. 디지털 기술이 아무리 발달해도 기술이 교육을 대체할 수는 없다. 교육은 교사의 등 뒤에서 이루어진다는 말이 있다. 아이들은 부모의 뒷모습을 보고 자란다는 말도 있다. 컴퓨터 모니터에는 뒷모습이 없다. 메이커 로고가 새겨져 있을 뿐이다.

어쩔 수 없이 하고 있는 지금의 온라인 수업은 사실상 근대학교 모델을 온라인으로 옮긴 것에 지나지 않는다. 어떤 교사들은 이런 상황에서도 창의성을 발휘하여 아이들에게 필요한 교육을 하고 있지만, 대부분의 교사들은 학습 진도의 압박에서 자유롭지 못하다. 학습 진도는 EBS 강사 같은 전문가에게 맡기고 교사는 아이들의 성장을 돕는 일에 집중하면 안 될까? 어차피 표준화된 교육과정인데 모든 교사들이 온라인 강의에 에너지를 소진할 필요는 없다. 표준화 교육의 효율성을 살리면서 교사의 역량은 그 부작용을 줄이는 데 집중해보자. 학습에 어려움을 겪는 아이들을 지원하고, 부모나 친구 관계에서 어려움을 겪는 아이들을 돕는 데 더 힘을 쏟자. 학교 밖에서도 동아리 활동을 할 수 있게 지원하고, 학교에 나오는 소수의 아이들과 더 깊이 만날 수도 있다. 코

---

4 EBS 〈다큐프라임〉, '다시, 학교 (2부) – 어느 교사의 고백', 2020년 1월 7일 방영.

로나 시대는 교육이 본래 모습에 가까워질 수 있게 학교를 새롭게 디자인하는 기회가 될 수 있다.

연극에서 연출가가 하는 역할은 극에 영혼을 불어넣는 일이다. 오케스트라 지휘자와 비슷한 역할이다. 지휘자에 따라 같은 곡을 연주해도 다른 음악이 탄생한다. 아이들 또한 어떤 교사를 만나느냐에 따라 다른 모습을 보인다. 아이들을 성장시키는 교육의 생명력은 교사에게 달려 있다. 학교는 교육기술의 시연장이 아니라 교육예술의 장이 되어야 한다. 아이들의 패턴을 읽고, 관계를 조화롭게 만들고, 상호작용을 북돋우면서 함께 성장하는 일은 어떤 일보다 창의적이고 예술적인 활동이다. 학교는 교육예술이 펼쳐지는 배움의 공동체가 되어야 한다.

(vol. 131, 2020. 9-10)

장기 비상시대의 교육

신종 감염병 코로나19가 우리의 삶을 삼켜버린 지도 반년이 지나고 있다. 과학기술을 앞세워 이 세계의 조물주처럼 득의만만 하던 인류는, 눈에 보이지도 않는 정체 모를 한낱 바이러스 앞에서 속수무책으로 나가떨어졌다. 세계가 한순간에 멈췄고, 재난은 영화처럼 세상을 휩쓸었다. 하지만 더 큰 문제는 이 사태의 끝이 도무지 보이지 않는다는 것이다.

코로나 이후, 마스크는 가면이 아니라 우리의 얼굴이 되었다. 이제 사람들의 자연스러운 맨얼굴은 공공의 적이며 응징의 대상

정형철 _ '더불어가는배움터길'에서 인문학과 예술 비평을 가르치며 아이들을 만나고 있다. 산업사회 문제를 다루는 '정형철의 멋진 신세계'를 《뉴스민》에 연재했다.

이다. 사람들은, 숨기고 가리는 것에서가 아니라 오히려 드러내는 것에서 위협을 느꼈다. 전파되는 것이 바이러스만은 아니었다. 공포와 불안은 순식간에 일상을 감염시켰다. 불가피했지만, '사회적 거리두기'는 일상의 모든 만남에 선을 그었다. 친밀함이 금기시되는 초유의 사태가 벌어졌다.

만나지 말라는 교육

학교 현장에서는 몇 차례의 개학 연기 끝에 온라인 비대면 수업이 이루어졌다. 공교육에서뿐만 아니라 내가 몸담고 있는 작은 대안학교에서도 고심 끝에 온라인 수업을 결행할 수밖에 없었다. '교육의 공백'을 우려하는 목소리가 여기저기서 들려왔고 이를 외면하기는 현실적으로 불가능했다. 경우의 수에 없었던 것은 아니지만 당혹스러운 것도 사실이었다.

우리는 짧은 시간에 온라인 수업에 필요한 준비를 마쳤다. 많은 사람들이 우려했던 것처럼 장비나 기술이 문제가 되지는 않았다. 부족한 여건에서도 온라인 수업은 비교적 원활하게 진행되었다. 실시간이냐 아니면 사전 제작이냐와 같은 방식의 문제도 중요하지 않았다. 어떠한 방식이든 아이들은 수업의 특성에 맞게 비교적 빠르게 적응해 나갔다. 수업을 준비하는 교사들의 과중한 업무가 문제가 되었지만, 표면적으로는 별 탈 없이 진행되는 것처럼 보였다. 하지만 여기까지가 우리가 할 수 있는 전부였다.

온라인 수업을 실행한 지 몇 주가 지나자 교사들은 '우리가 무슨 짓을 하고 있는지' 되묻기 시작했다. 아이들이 없는 텅 빈 가상의 공간에서 아이들을 만나고 있다는 사실이 서서히 허위처럼 느껴졌다. 실시간으로 아이들과 소통하고 있다지만 스크린 너머에 있는 아이들은 우리와는 분명 다른 세계에 놓여 있는 존재였다. 온라인이라는 가상의 공통 공간에 모였지만 아이들은 각자 상이한 조건과 상황에서 본래의 수업보다 훨씬 수동적이고 산만한 방식으로 수업에 참여했다. 교사들은 스크린 너머에 있는 아이들을 온전히 인지할 수도, 느낄 수도 없었다. 스크린 위에 인공으로 만들어진 허위의 세계에서, 우리는 아이들을 만나고 있다고 '착각'했던 것이다. 하지만 결과적으로 그것은 교신이나 접속이었지, 결코 만남은 아니었다.

아이들이 없는 학교라는 공간은 진공의 기계실과 같았다. 수업은 이루어지고 있었지만 웃고 떠드는 아이들의 목소리가 들리지 않았다. 부딪히며 움직이는 몸짓도 없었다. 서로 머리를 맞대고 의논하는 진심이 안 보이고, 함께 밥을 지어 먹는 우애가 사라졌다. 새로운 친구들을 기꺼이 맞아주던 환대는 기약 없이 미뤄졌다. 온라인에서는 도저히 할 수 없는, 작은나무(중1) 막내들이 신나게 추던 '봉산탈춤'도, 가온나무(중2) 아이들이 손수 기획해서 다녀오던 '공정여행'도, 큰나무(중3) 친구들의 '마을여행'과

'대안학교 탐방'도 모두 사라졌다. 숲(고등) 과정 친구들의 '책여행'과 '인턴십' 과정 역시 잠정 연기됐다.

짐작하지 못한 사태는 아니었지만 막상 온라인 수업을 진행하면서 실감한 비대면 교육의 한계는 우리의 예상을 뛰어넘었다. 스크린은 생각보다 훨씬 거대한 장벽이었다. '실시간 화상 수업'은 몇 차례의 시연을 통해 충분히 준비했음에도 의미 있는 배움의 과정으로 이어지지 못했다. 대부분의 아이들이 수업의 내용에 집중하지 못하고 기기나 프로그램 활용에 온통 신경을 곤두세워야 했다. 토론은 난장이 되었고, 흔들리는 화면과 요란한 소음은 아이들을 주눅 들게 만들었다. 주변의 도움이 필요한 통합교육 대상 아이들을 위한 수업은 애초에 이러한 방식을 선택하기조차 힘들었다. '사전 제작 영상 수업' 방식도 곳곳에서 문제가 나타났다. 온힘을 기울여 수업 영상을 만들었지만 입체적인 배움이 녹아들기는 어려웠다. 단순한 지식이나 정보를 전달하는 데는 효율적일 수 있겠지만 배움과 활동, 그리고 논의와 교감이 함께하는 수업에는 한참 모자랐다.

아이들이 비대면 수업 방식에 순식간에 익숙해져가는 게 되레 겁이 났다. 대부분의 아이들이 온라인 수업보다는 등교 수업을 원했지만, 온라인 수업이 주는 편의에 쉽게 현혹됐다. 스크린 속에서 아이들은 스스로를 쉽게 숨기거나 위장했다. 접속은 되어 있으나 배움의 과정에 참여하지 않는 아이들이 생겨났다. 몇몇 아이들은 수업과 연결된 창에 한 발을 담근 채, 다른 창을 열고 게임으로, 인터넷으로 질주했다.

온라인 방식에 금방 익숙해진 아이들이, 우리가 오랫동안 함께 노력해온 많은 것들을 단번에 뒤집어버릴 때는 적잖이 당혹스러웠다. 온라인에서 지내는 시간이 길어질수록 아이들은 인내심에 한계를 드러냈다. 친구들의 의견을 물었을 때 즉각 답이 나오지 않으면 공격적으로 변했다. 평소와 달리 잠시의 지체도, 조그마한 실수도 쉽게 넘어가지 못했다. 토론이나 회의를 진행할 때 이러한 경향은 더욱 두드러졌다. 배려와 존중이 큰 자랑이었던 우리 학교의 문화에서 좀처럼 보기 힘든 장면들이 눈에 띄게 늘어났다. 기다리고 들어주던 모습을 대신하여 낯선 기계음들이 채팅창을 어지럽혔다.

만나야 이루어지는 배움

아이들뿐만 아니라 교사들도 혼란스럽기는 마찬가지였다. 온라인 수업이 거듭될수록 자신도 모르게 배움이 아니라 교습을 행하고 있는지도 모른다는 자괴감이 찾아왔다. 여러 교사가 오랜 시간 동안 만들어온 우리 학교의 교육과정은 애초에 온라인 방식을 전제하지 않았을 뿐만 아니라 온라인으로 구현하기 어려운 것들이 대부분이다. 실제 삶에서 활용할 수 있는 '삶의 기술'을 배

우고 자율과 자치에 뿌리를 둔 '경험'과 '활동'을 중시하는 교육
과정 대부분은 디지털 세계에서 이뤄질 수 없는 것들로 구성되어
있다. '자립' '자치' '더불어살기' '프로젝트' '진로' '교양'이라는
각각의 교육과정 영역이 유기적으로 엮여서 하나의 배움의 흐름
을 이루고 있다.

이러한 배움의 흐름은 수업으로만 이루어지는 것이 아니라 쉬
는 시간, 밥을 먹는 시간, 함께 모여 있는 시간, 서로 무엇인가를
작당하는 시간에도 이어진다. 온라인 수업은 이렇듯 '수업 바깥
에 있는 배움의 시간'을 무화시키는 과정이다. 온라인 교육은 이
미 만들어진 내용을 전수하는 '교습'에는 적합할지 몰라도, 아이
들과 함께 생각을 모으고 스스로 앎으로 나아가는 과정인 '배움'
과는 정반대 방향에 있는 방식이다.

그동안에도 '미래교육'을 논하는 사람들이 앞으로의 세상에서
펼쳐질 교육 형태로 온라인 네트워크 교육을 줄기차게 떠들어댔
지만, 코로나와 같은 재난의 상황이 아니었다면 우리 같은 대안
학교에서 온라인 수업을 진행할 이유는 전혀 없었다. 이번에 전
격적으로 진행된 온라인 수업은 역설적으로 우리가 추구하는 교
육의 본질에 대해 많은 생각을 하게 만들었다.

'접속'과 '교습'에 최적화된 커리큘럼은 단연 극도의 효율만을
추구하는 입시교육이다. 입시의 관문을 통과하는 데 저해되는 만
남과 배움의 과정은 지워진다. 만남도 효율을 높이기 위해서만

필요하다. 비대면 수업만으로는 채울 수 없는 다른 측면의 효율성이 대면 교육의 거래를 성사시킨다. 그런 점에서 입시교육은, 투입과 산출의 인과율과 효율성이 가장 중요하게 적용되는 하나의 거대한 기계적 시스템이다. 온라인 교육은 이러한 기계적 시스템에 최적화된 교육방식이다. 인강(인터넷 강의)이 입시교육 시장을 지배하고 있는 오늘날 현실은 온라인 교육의 본질을 분명하게 보여주는 일례라 할 수 있다.

그러나 만나지 않고서는 이루어질 수 없는 것이 아이들의 배움이다. 교습이나 학습이 아닌 배움은 만남을 통해 이루어진다. 우리는 누군가를 보지 않고 그 사람과 진정한 이야기를 나눴다고 할 수 없다. 스크린이라는 인공적 공간을 통해 문자나 소리, 혹은 영상과 같은 기계적인 언어를 주고받을 수는 있겠지만 이는 진정한 의미의 이야기 나눔이라 할 수 없다. 대상과 대상이 서로 교통하는 커뮤니케이션일 뿐이다. 우리는 이반 일리치가 말한 대로, "커뮤니케이션이 아니라 이야기를 나누는" 존재이다. 기계공학이 만들어낸 인공의 세계는 거짓의 세계를 진짜의 세계로 착각하게 만든다. 그러한 방식으로 이루어지는 교육 역시 진실한 배움에 도달할 수는 없다. 삶을 위한 배움의 언어는 기계적 커뮤니케이션이 아니라 진실한 이야기의 나눔에서 비롯되기 때문이다.

우리가 추구하는 배움은 기계적인 언어로는 번역할 수 없는, 특별한 순간과 상황, 의미와 맥락이 함께 존재해야 일어날 수 있다. 모든 비언어적인 행위들이 모여 우리의 언어를 만들고 배움이 일어나게 한다. 스크린을 사이에 두고 나뉜 두 세계가 온전한 합일을 이룰 수는 없다. 특히 '아이들과의 만남'을 무엇보다도 중요하게 생각하는 대안학교에서는 더더욱 가상세계로의 접속이 만남의 교육을 대신할 수는 없는 일이다. 입시교육의 대척점에 있는 대안교육은 애초부터 비대면 온라인 교육과는 어울릴 수 없는 교육체계다. 스크린 속 명멸하는 불빛으로 만나는 행위가 우리가 지향하는 교육을 대신할 수 있다면, 우리는 우리가 지금껏 지향한 모든 것을 근본에서부터 다시 검토해야만 한다.

장기 비상시대의 교육

코로나 창궐 원인은 아직까지도 오리무중이다. 전지전능하다고 믿어왔던 과학기술은 예기치 않은 재난 앞에서 한없이 무력하다. 제임스 쿤슬러가 말한 '장기 비상시대'[1]로 이미 들어선 인류 사회는, 코로나보다 더욱 심각한 여러 위험에 무방비로 노출되어 있다. 에너지 고갈과 기후위기, 핵의 위험은 단순한 경고 차원을 넘어서 인류의 생존을 뿌리째 흔들고 있다. 인간의 탐욕이 만들어낸 불평등과 격차는 더 이상 방치할 수 없는 수준에 이르렀다.

---

1 제임스 하워드 쿤슬러 씀, 이한중 옮김, 『장기 비상시대』, 갈라파고스.

앞으로 우리는, 이러한 비상한 상황이 일상이 된 시대를 살아야 한다. 언제 일어날지, 언제 끝날지 모르는 재난을 계속 맞이하게 될 것이다. 코로나 이전의 무분별한 삶의 방식을 전면적으로 바꾸지 않은 한 이 같은 상황은 결코 쉽게 종식되지 않을 것이다. 불행하게도 우리 아이들은 기성세대가 만들어놓은 재앙을 계속 마주하며 살아가야 할지도 모른다.

이러한 상황에도 세상에는 '미래'를 운운하며 여전히 사람들의 눈과 귀를 현혹하는 거짓 예언들로 넘쳐난다. 코로나 이후 우리 교육이 나아가야 할 방향은 디지털 네트워크 기반의 비대면 원격교육이어야 한다고 확신하는 목소리가 여기저기서 들린다. 2020년 6월 유은혜 교육부총리는 "창의적이며 자기주도적인 인재를 키워내는 미래교육으로의 대전환에 첫걸음이 될 원격교육 체제를 마련하는 도전에 함께해주시길 바란다"라고 말했다.[2]

정말 그러할까? 왜 코로나 이후의 교육에 대해서는 한결 같이 비대면 원격교육의 확대만을 이야기하는 것일까? 코로나 사태가 지금보다 훨씬 악화되거나 그보다 더한 재난이 일어난다면 비대면 원격교육이 과연 무슨 소용일까? 긴급한 재난이 가져오는 일시적인 교육 중지 상황은 불가피한 일일 것이다. 재난으로부터 아이들의 생명을 보호하는 일보다 더 우선하는 방책은 있을 수

---

2 '한국형 원격교육 정책자문단회의', 2020년 6월 19일.

없기 때문이다. 이러한 상황에서 지금보다 더 나은 원격교육을 실행하기 위한 인프라와 콘텐츠를 준비하는 것이 과연 우리가 장기 비상시대를 살아가는 지혜로운 선택일 수 있을까?

사회의 주도적인 분위기와 마찬가지로 대안교육 현장에서도, 코로나 이후의 교육을 걱정하는 분위기가 만들어지고 있다. 상시적 재난 상황에서 온라인 비대면 교육이 일반화되는 현실이 벌어질 경우 어떻게 대처해야 하는지 걱정하는 목소리가 들린다. 앞서 말한 바대로 대안교육의 배움 과정과 온라인 교육은 서로 어울릴 수 없는 특성을 지니고 있다. 만일 코로나와 같은 전격적인 재난 상황이 악화되거나 새로운 감염병이 창궐할 경우, 대안교육은 지금보다 더한 위기에 처하게 될 것이라는 관측을 단순한 기우라고 치부할 수는 없다.

그런데 이러한 위기의식과는 다른 관점에서 그동안 대안교육이 추구해왔던 가치와 교육적 실천은 코로나 이후의 교육을 모색하는 데 중요한 시사점을 던져준다. 짧지 않은 시간 동안 대안교육이 온몸으로 부딪히며 지키려 했던 대안적 가치가 코로나라는 비상사태 이후 더욱 중요해졌다. 장기 비상시대를 불러온 근본적 요인이라 할 수 있는, 성장을 향한 무한 욕망을 교육의 영역에서 비판적으로 극복하려 했던 대안교육의 가치는 그 자체로 하나의 대안이다. 욕망의 교육을 딛고 생태와 사람의 조화로운 어울림을 추구하는 대안교육은, 코로나 이전의 삶의 방식을 전면적으로 수

정하기를 요구받고 있는 시대의 요청에 그대로 부합한다. 오히려 대안교육의 울타리를 넘어서 우리 사회의 교육 영역으로 확장될 필요가 있다.

대안교육이 추구해온 '작은 학교'의 지향은 앞으로 우리 사회가 적극적으로 수용할 만한 대안이다. 지금은 많이 완화되었다고는 하지만 대규모 집단교육체제를 고수해온 공교육과는 달리, 대부분의 학교가 규모나 교육과정 면에서 '작은 학교' '작은 교육'을 지향해온 대안학교의 특성상 아이들이 좀 더 안전한 상황에서 배움을 이어갈 수 있다. 우리 학교만 하더라도 한 반에 열 명 남짓한 학생수가 상대적으로 안전한 교실을 만드는 데 큰 도움이 되고 있다. 코로나와 같이 어쩔 수 없는 시기도 있지만, 긴급하고 극단적인 위험 상황이 아니라면 '작은 학교'는 안전한 학교를 만드는 데 최적화된 형태라 할 수 있다.

코로나 이후의 교육을 고민할 때 꼭 고려했으면 하는 또 하나는, 대안교육이 추구하는 자유로운 교육과정과 교육일정이라 할 수 있다. 경쟁과 입시교육에 반대하는 것으로 출발했던 대안교육은, 긴급한 재난의 상황에서도 교육의 자율성을 해치는 주범인 입시교육 일정을 따라야 할 이유가 전혀 없다. 사실 긴급한 비상상황에 대비하여 비대면 원격교육을 확충해야 한다는 이야기는 결국 입시교육 일정을 그대로 고수해 나가겠다는 것과 다를 바 없는 논리다.

입시로부터 자유로운 대안교육은 상황에 맞는 배움의 형식을 얼마든지 만들어낼 수 있다. 우리 학교의 경우, 등교 수업 이후 마스크를 쓰고 서로 거리를 두고 있지만 몇몇 야외활동을 제외하면 '작업장' 수업을 비롯한 대부분의 배움 활동을 이미 원상으로 되돌려놓았다. 비록 아이들 사이의 물리적 간격은 아직 예전의 거리를 회복하지 못했지만 교육과정 전 영역에서 대부분의 배움활동과 수업이 정상으로 돌아왔다. 등교 연기 상황에서 미루었던 주요 교육일정은 다음 학기에 융통성 있게 편성하여 다시 추진하면 된다. 대안교육이 지니는 교육과정의 탄력적 운영은 코로나와 같은 재난 상황에서 더 빛을 발한다.

포기할 수 없는 교육적 지향

대안교육이 추구해온 '만남의 교육'은 코로나 상황에서 더욱 간절해졌다. 재난으로 인해 만남이 어려워지면서 우리에게는 더 만나야 할 이유가 분명해졌다. '사회적 거리두기'의 한계로 정상적인 수업이나 배움 활동이 어려운 경우에도 부분적이고 순차적인 '만남의 교육'을 강화할 필요가 있다. 온라인 수업만 진행하던 시기에도 우리 학교는 소규모로 아이들을 만나서 배움을 이어갈 수 있었다. 재난의 정도에 따라 분명 고려하고 가늠해야 할 상황은 있겠지만 '만남의 교육'은 결코 우리가 포기할 수 없는 가장 중요한 교육적 지향이다.

코로나 상황을 기회로 삼아 아직 오지도 않은 미래를 교육의 영역으로 끌어들여 오로지 온라인 기반 비대면 교육으로 모든 교육적 논의를 몰아가려는 시도가 넘쳐나고 있다. '미래교육'이라는 이름으로 진행되는 이러한 논의의 가장 큰 문제는 교육의 본질에 대한 질문을 지우는 일이다. '아이들은 학교에서 무엇을 배워야 하는지' 근본적인 논의 없이 온라인 교육의 확대만으로 장기 비상시대의 교육을 대비하겠다는 발상은 참으로 무책임하다. 아무리 뛰어난 기술과 심도 있는 교육 콘텐츠가 마련된다 해도 비대면 교육이 지니고 있는 한계는 명백하다. 초연결 시대의 온라인 교육 혁명으로 불리던 '무크MOOC'나 '미네르바 스쿨'이 기존의 교육을 대체할 것이라는 애초의 기대와는 다르게 교육의 불평등만 심화시키고 있는 현실을 굳이 지적하지 않더라도 비대면 교육은 우리 교육의 목표가 될 수 없다. 교육에 관한 중요한 질문과 논의는 코로나 이후의 세계에서도 지금과 별반 달라질 것은 없다.

'미래교육'이라는 허상에 휩쓸려 아이들과의 '만남의 교육'을 폐기하려 들어서는 안 된다. 우리가 하려는 것이 교습이 아니라 배움이라면 우리는 스크린이 조작하는 '미래'가 아닌 아이들이 만들어내는 '희망'을 그리는 데 노력을 바쳐야 한다. 이것이 코로나 시대 이후에 우리가 가야 할 배움의 길이라고 나는 생각한다.

"미래 따위에는 관심이 없습니다. 그건 사람을 잡아먹는 우상입니다. 오로지 희망만이 있을 뿐입니다."[3]

(vol. 130, 2020. 7-8)

---

3 이반 일리치 · 데이비드 케일리 씀, 권루시안 옮김, 『이반 일리치와 나눈 대화』, 물레.

2부
재난의 시대
아이들의 몸과 마음 돌보기

재난의 시대를 사는 어느 가족 이야기

코로나19가 만든 이산가족

작년 3월, 서울 무교동에 있는 본부로 발령이 났다. 우리 사전에 주말부부는 없다고 합의했고, 가족 모두가 움직이기로 했다. 경기 김포에 전셋집을 구해 포항에서 이사를 왔다. 3시간이 넘는 출퇴근 시간은 무척 힘들었다. 한번은 교통체증이 너무 심해 올림픽대로에서 꼼짝없이 2시간 동안 갇혀 발을 동동 굴렀다. 현장에서 사회복지사로 일하다 본부에서는 언론홍보를 담당하게 되

문선종 _ 초록우산어린이재단에서 일하고 있다. 여덟 살과 네 살, 두 딸아이를 키우며 임용고시를 준비하는 아내의 뒷바라지를 하는 중이다.

면서 쉽지 않은 업무에 적응하기 위해 안간힘을 썼다.

아내는 친지나 지인도 없는 황량한 곳에서 한 해를 보냈고, 첫째에게 "엄마도 엄마가 있었으면 좋겠다"며 하소연을 했다. 아이들도 어린이집 적응이 쉽지 않았다. 우리가 살던 환경과 너무 달랐다. 첫째가 스트레스를 많이 받아 고심 끝에 다른 어린이집으로 옮겼다. 그러면서 조금씩 안정을 찾기 시작했다. 좋은 이웃을 만났고, 아이들은 좋은 친구를 만들었다. 2020년은 첫째가 초등학생이 되고, 아내는 '유아 임용고시 도전'이라는 꿈을 찾은 의미 있는 해다. 하지만 코로나19가 우리의 일상을 송두리째 바꿔버렸다.

지난 광복절 집회 이후 코로나19 확진자 증가로 사회적 거리두기 2단계가 발표되고 긴급 가족회의를 열었다. 일주일에 한 번 가던 학교와 학원 등 돌봄을 제공하는 모든 기관들이 문을 닫으면서 아이들과 아내는 부모님과 친인척이 있는 포항으로 내려가기로 했다. 늦은 밤 우리 가족은 꼭 필요한 물건들만 챙겨서 차에 싣고 포항으로 출발했다. 막 고속도로로 빠져나가려는 찰나 아내의 마음이 흔들리기 시작했다. 갓길에 차를 세웠다. 내려가는 것이 맞는지 판단이 서지 않는다고 했다. 그렇게 30분 동안 옥신각신하며 다퉜다. 다행히 아이들은 뒷좌석에서 곤히 잠들어 있었다. 답답한 나머지 차에서 내려 맑은 공기를 마셨다. 또 하나의 기억이 스쳤다.

지진, 코로나19 그리고 태풍

3년 전 일이다. 포항에 살던 우리 가족은 진도 5.4 지진의 직격탄을 맞았다. 아내는 속옷 바람으로 둘째를 둘러메고 집을 뛰쳐나왔다. 진앙지에서 불과 1킬로미터도 안 되는 곳이라 피해가 심했다. 첫째는 어린이집에서 낮잠을 자고 있다가 선생님들의 대처로 무사히 대피했다. 첫째가 다니던 어린이집은 완파 판정을 받을 정도로 피해가 심해 언론보도에 여러 번 노출되기도 했다. 무너진 건물 파편에 어린이집 차량이 찌그러진 광경을 떠올리면 아직도 간담이 서늘하다.

그 후 3개월 동안 크고 작은 여진을 겪으며 공포에 젖어 살았다. 대피소는 환경이 열악해 집 옆에 있는 슬레이트 집에서 한 달을 생활했다. 지자체에서 임시로 어린이집 공간을 내주었지만 산구석에 다 쓰러져가는 낙후된 곳이었다. 오랜 시간 공포에 노출된 첫째는 손가락을 물어뜯거나, 어둠을 무서워하고 야뇨증을 보이는 등 신체화 증상을 보였다. 잠잘 때는 아빠가 옆에서 지켜보고 있어야 했다. 외상 후 스트레스가 남지 않도록 일상에서 상담과 심리치료를 직접 진행했다. 상처가 많이 아물긴 했지만 그곳에서의 기억은 아직 아이에게 남아 있다. 그런데 우리가 가려는 곳이 바로 그곳이었다. 그렇게 아내와 다시 마음을 다잡고, 운전대를 잡았다.

어찌된 일인지, 포항에 도착한 우리를 가장 먼저 반겨준 것은 태풍 마이삭이었다. 그날 밤 창문이 뜯겨 날아갈 정도로 바람이 불어, 네 가족은 서로 부둥켜안은 채 잠을 설쳐야 했다. 첫째는 새로운 학교에 격주로 등교했고, 둘째도 다닐 만한 어린이집을 찾아 등록했다. 아이들의 외증조모와 할아버지, 할머니 등 온 가족이 나서서 번갈아가며 아이들을 돌봐줬다. 아내는 다시 공부에 전념할 수 있었다.

나는 서울로 돌아와 일을 했다. 2주쯤 지나자 집 안에 감도는 적막감에 쉽게 잠이 들지 못했다. 코로나19로 졸지에 이산가족이 되어버린 것이다. 해외활동 중 국내로 돌아온 사람들, 직장을 잃어 삶의 터전까지 떠나야 하는 사람들 등, 코로나19로 열악한 국면을 맞은 사람들이 저마다의 사정 속에서 힘겹게 살아가고 있었다.

근처에 사시는 부모님이 네 살배기 둘째를 돌봐주겠다며 데려 갔는데, 며칠 뒤 둘째가 갑자기 엄마 아빠가 보고 싶지 않다고, 집에도 어린이집에도 가지 않겠다고 했단다. 일주일 후 아내는 둘째를 겨우 달래서 데려와야만 했는데, 3주 후 다시 부모님 집에 들렀을 때 둘째가 그런 말을 한 이유를 알 수 있었다. 아이는 절대로 차에서 내리지 않겠다고 30분 넘게 뒤로 넘어갈듯 울었다. 아빠 엄마가 할아버지 할머니 집에 자신을 버리고 갈까봐 두려웠던 거다.

돌이켜보니 헤어질 때 새벽 첫차를 타고 오느라 아이들에게 제대로 인사도 못했다. 어제 부둥켜안고 같이 잠들었던 아빠가 갑자기 사라진 것이다. 아빠에게 배신감을 느꼈을 것이다. 엄마도 자신을 할머니 집에 맡겨 놓고는 언제 올지 말해주지 않아 서운했을 것이다. 낯선 어린이집도 적응 기간 없이 던져놓기만 했다. 어른 입장에서, 우리가 아는 것을 둘째도 알 것이라고 생각하고 간과한 것들이 많았다. 어쩐지 영상통화를 하자고 하면 언제부터인가 숨었다. 아빠에게 얼마나 서운했을까. 애착손상이 이런 것일까?

지난 4월, 어린이날을 앞두고 중앙방역대책본부에서 어린이들을 위한 브리핑을 한 것이 떠올랐다. 아이들 눈높이에 맞춰 팬데믹 상황을 조근조근 설명해준 것이다. 현장에서 아동을 만나는 사회복지사로서 사람들 앞에서 "아이들을 대하는 방식만큼 그 사회의 영혼을 정확히 드러내는 것은 없다"는 넬슨 만델라의 말을 자주 인용하지만 정작 내 자녀들에게는 소홀했다. 아이들과 나란히 가야 한다는 걸 알면서도 급박하게 돌아가는 상황에서는 늘 아이들을 앞지르고 만다.

다음부터는 아이와 헤어지면서 "아빠는 오늘 같이 자고, 내일 새벽에 기차를 타고 다시 서울로 가야 해. 사무실에 나가야 하거든. 내일 아침에 일어나면 아빠가 없어도 놀라지 마. 그리고 네 밤자고 나면 또 올 거고. 아빠가 보고 싶을 때는 언제든지 영상통화할 수 있으니까 엄마랑 잘 지내고 있어! 알겠지?"라고 말했다. 그후 아이들과 수시로 연락하면서 현재의 상황을 이해할 수 있도록 설명했고, 지금 고민 중인 문제에 대해 어떻게 생각하는지 의견을 구했다. 아이들은 대화를 나누면서 조금씩 안정을 되찾았다.

재난의 시대 부모의 역할

이 글을 쓰고 있는 시점에 재난 아닌 재난을 또 만났다. 정부의 부동산 대책이 바뀌면서 전세대란으로 집주인이 계약 연장이 어렵다며 집을 비워달라고 한 것이다. 당장 집을 구해야 하지만 전셋집은 눈을 씻고 찾아봐도 없고, 아파트값은 하늘 높은 줄 모르고 치솟고 있다. 벼랑 끝에 몰린 심정이다. 전세 찾기가 힘들면 월세를 전전해야 할 테고, 아이들 학교 문제도 다시 고민해야 한다. 환경이 바뀔수록 아이들에게 많은 설명과 대화가 필요할 것이다.

잦은 환경변화와 아동의 심리·정서적 상관관계는 아주 높다. 덴마크의 한 연구에서 이사를 많이 다닐수록 자살 충동을 쉽게 느낀다는 결과를 보았다. 아이를 양육하면서 실존육아를 연구 중인 나의 관점에서 보자면, 아이들은 자주 변하는 환경에서 삶의 소외와 무의미를 느꼈을 것이고, 자신의 의사가 반영되지 않아 자유가 사라진 느낌을 받았을 것이다.

여러 가지 재난을 겪으면서 아이들의 몸과 마음을 돌보는 일이 더욱 중요함을 느낀다. 아이들은 아직 완성되지 않은 존재들이다. 실수와 서투름은 아이들의 특권이며, 이에는 무조건적인 수용이 필요하다. 요즘 집에서 생활하는 시간이 길어지다 보니 아이들을 혼내거나 다그치는 일이 잦다. 부모 또한 부족한 존재이기에 코로나19 장기화는 커다란 시련이자 시험으로 다가온다.

인간이 불안할 때 보이는 특징들이 있다. 외부 상황을 통제하거나 예측하지 못해 일어나는 스트레스를 줄이기 위해 내적 상황을 통제하려는 것이다. 집을 청소한다거나 책상을 정리하면서 자신을 둘러싼 주변을 통제하는 행동이 대표적이다. 코로나 팬데믹 이후 중고거래가 폭발했다거나 물건을 보관하는 창고 수요가 늘어난 현상을 보면, 짐작하건대 코로나 팬데믹 이후 대청소를 하거나 불필요한 물건을 정리한 가정이 많은 것 같다.

여기까지는 괜찮은데, 그 통제가 사물을 넘어 사람에게 향할 때 위험한 일이 일어난다. 오랜 시간 좁은 집 안에서 아이들을 통제하려 애쓰다 보면 가정폭력과 아동학대로 이어지기 쉽다. 재난의 시대에 무엇보다 부모 스스로의 불안을 다스릴 필요가 있다. 아이들의 실수와 서투름을 무조건적으로 수용할 수 있는 품 넓은 부모가 되어야겠다.

아이들 스스로 지금의 시대를 헤쳐 나갈 수 있는 힘을 기르는 방안을 찾다가 요즘 첫째와 글을 쓰기 시작했다. 아이는 글을 통해 모순된 아빠의 행동을 꼬집기도 하고, 동생과 역할놀이를 할 때가 가장 행복하다며 일상에서의 소소한 기쁨을 표현하기도 한다. 글쓰기를 하다 보면 아이들의 생각과 마음을 읽을 수 있어서 좋다.

재난을 겪으면서 뼈저리게 깨달은 것은 자존감이나 회복 탄력성 같은 정서적 힘이 중요하다는 사실이다. 살아가면서 맞닥뜨리게 될 수많은 난관 속에서도 단단한 마음으로 살아갈 수 있으려면 아이들을 대하는 부모의 태도와 마음가짐이 무엇보다 중요할 것이다.

(vol. 132, 2020. 11-12)

이 아이들의
몸과 마음은 누가 돌보나

구로동 조르바

한여름 더위가 가시고 단풍 들기 무섭게 찬바람이 분다. 11월
에 들어서자마자 초등학교 4학년인 재현(가명)은 두툼한 겨울 점
퍼를 꺼내 입었다. 벌써부터 저러면 도대체 한겨울은 어찌 날 셈
인지, 또 저 옷소매는 얼마나 새까매질지 별 생각이 다 든다.

실내에서 두꺼운 옷은 좀 벗어두어도 좋겠다 한마디 해보지만
귓등에도 가닿지 않는 모양이다. 오히려 저한테 듣기 싫은 소리

성태숙 _ 구로파랑새나눔터지역아동센터에서 '태쌤'으로 불리며 아이들과 함께 지
내고 있다. 아이들 이야기를 모은 책 『변방의 아이들』을 썼다.

를 했다고 모자를 푹 눌러쓴 채 고개를 책상에 처박곤 거북이가 되어버린다. 잔소리는 소용이 없지만 따사로운 날씨는 효험이 있어서 제 스스로 점퍼를 벗는다. 꽁꽁 싸매고 있을 땐 몰랐는데 벗고 보니 안에는 한여름 내내 입고 다니던 반팔 티셔츠 차림이다. 양말 없이 맨발인 것도 여전하다. 추워서 겉옷은 꺼내 입었지만 나머지는 여름옷 그대로니, 위에서 막은 바람 밑으로 다 들어오는 꼴을 하고 있다.

재현이는 그렇게라도 저 살 궁리를 다 해두어 흡족한 모양이지만, 주변 사람들 반응은 딴판이다. "선생님, 재현이 오빠 막 맨발로 밖에 나갔다가 더러운 발로 들어와서 그냥 막 다니고 그래요." "선생님, 재현이 세수도 안 한 것 같은데 물티슈로 얼굴 닦고 있어요." 자유로운 영혼, 구로동 조르바의 행실을 불만스럽게 여기는 목소리가 적지 않다.

특히 모두가 기겁을 하는 것은 마스크도 제대로 쓰지 않고 센터에 떡하니 나타나는 무심함 때문이다. 볼 때마다 마스크를 챙겨주고, 줄에다 마스크를 끼워주고 별짓을 해도 소용없다. 집에서 살뜰히 아이를 챙길 만한 어른이 없다는 건 알지만, 그래도 열 살이 넘었으니 마스크쯤은 알아서 챙길 법한데 그도 어려운가 보다. 그러면서 남이 뭐라는 소리는 듣기 싫어서 툭하면 삐치고 울상이다. 정말 울고 싶은 사람들은 따로 있는데 말이다.

학교가 문 닫은 사이

조선족으로 아직 자리를 잡지 못한 재현이네는 방 하나와 거실 겸 부엌 하나로 이루어진 단칸방에서 재현이와 아버지, 당뇨를 심하게 앓는 삼촌이 함께 살고 있었다. 간밤에 삼촌이 혈당이 떨어져 쓰러져 있는 것을 제가 억지로 입을 벌리고 설탕물을 부어 살려냈다는 게 아침 인사가 될 만큼 삼촌의 병세는 심했다. 그런 상황에서도 담배를 끊지 못하는 삼촌 때문에 재현이 곁에 가면 코를 싸맬 정도로 담배에 찌든 냄새가 났다.

재현이는 하루 종일 누워서 갖가지 심부름을 시키고 앓는 소리를 하는 삼촌을 보는 일이 힘겨워서라도 제 돌봄을 받으러 센터에 나타난다. 재현이가 곁에 있어서 삼촌이 덜 힘든 것만도 아닌 것 같고, 서로 어지간하면 보지 말자는 쪽인 것 같기도 하다.

온라인 학습으로 학교에 안 가는 날이면 재현이는 점심 나절이 다 되도록 늦잠을 자다 부수수한 얼굴로 센터에 와서는 사무실 탁자 한 귀퉁이에 자리를 잡는다. 아무리 내보내도 어떻게든 핑계를 대고 꼭 그 자리를 고수하려 든다. 사무실을 자신들의 응접실로 애용하는 남자아이들은 거의 정해져 있다. 아침에 온라인 학습을 시작할 때면 뿔뿔이 흩어져 앉아 있다가도 어느 틈엔가 독수리 오형제처럼 모여 앉는다. 뭐가 그리 좋은지 킬킬거리고 소곤거리고 난리도 아니다. 교사들이 주의를 주면 자기는 공부를 하려고 하는데 남이 자기를 건드려 그런다고 야단이다. 그러면서 자기 공부는 뒷전이고 남의 온라인 학습만 쳐다보고 있다. 끝도 없이 누가 온라인 학습을 하네 마네, 시비가 끊이질 않는다.

어쩌다 "재현아, 온라인 수업 제대로 들어야지" 하고 무심결에 한마디 주의라도 줄라치면, 맨날 자기만 뭐라 한다고 원망이 늘어진다. 수업을 듣고 있었는데 선생님이 시비를 걸어 수업을 못 듣게 되었으니 아예 선생님 원하는 대로 수업을 안 들을 거다, 이젠 만족하냐 하면서 사람을 달달 볶아댄다. 이런 일을 몇 번 당한 센터 어른들 중에는 재현이라면 고개를 절레절레 흔드는 사람들까지 생겨날 지경이 되었다.

하지만 재현이와 매일 그런 실랑이를 하고 있을 여력도 없었다. 지난 겨울방학부터 일 년이 다 되도록 학교에 가지 않는 아이들이 아침부터 센터를 오고 있는지라, 식사 준비나 신경을 써야 할 다른 것들이 훨씬 늘어났기 때문이다. 지역아동센터는 학기 중에는 저녁 식사 한 끼를 급식으로 지원하고, 방학 중에는 점심과 저녁 두 끼 식사를 급식으로 제공하는 게 일반적이다. 그러나 코로나19 사태가 장기화되고 학교가 문을 닫으면서, 아이들의 끼니를 챙기는 일이 센터의 주요 업무가 되어 버렸다.

이런 상황인데도 조리사에 대한 지원이 별도로 되지 않는다. 그래도 운 좋게 하루 한 끼 정도를 챙겨주시는 조리사 한 분은 구할 수가 있었지만, 다른 한 끼는 교사들이 준비하거나, 도시락을 받거나, 동네 자활기관에서 운영하는 식당에서 먹는 등 다른 방도를 찾아야만 했다. 하지만 자활기관의 식사나 도시락은 아이들의 만족도가 크게 떨어져 오래 지속하지 못했다.

재현이도 그렇고 아이들 대부분이 학교를 안 가면서 아침에 늦게 일어나는 게 습관이 되어가고 있었다. 삼촌을 봐서라도 먹을 것에 신경을 써야 한다고 누누이 일렀건만, 재현이처럼 집에서 제대로 식사를 챙겨주는 사람이 없는 아이들은 늘 주머니에 사탕이나 젤리 같은 것을 넣어 다니면서 잠시도 입을 쉬지 않는다. 동네 곳곳에 퍼져 있는 편의점에 가서 컵라면 하나로 한 끼를 때울 수 있으면 그것으로 족한 모양이었다. 오히려 센터에서 챙겨주는 밥을 부담스러워하고, 건강에 신경 써가며 준비한 음식을 '맛이 없다'며 외면하려 들었다. 차리는 사람도 힘들고, 먹는 사람도 힘든 밥이 되었다.

돌봄의 빈고리

그래서 어느 날부터 점심을 직접 준비하게 되었다. 아이들이 끼니가 될 만한 음식을 잘 먹지 않으려 드는 것, 몸에 좋지 않은 것만 먹으려 드는 것, 코로나 바이러스가 기승인데 사람들이 많은 곳에 가서 식사를 해야 하는 것 등등 센터에서 밥을 해 먹어야 할 이유들은 넘쳐났다. 하지만 교사들에게 일을 떠안길 순 없어

내가 팔을 걷고 밥을 하기 시작했다.

한참 식재료를 다듬어 불에 올려놓으면 센터 안은 곧 맛있는 열기로 그득해진다. 그러면 홀린 듯이 아이들이 부엌으로 찾아든다. 뭐 만드는 거예요? 나도 같이 만들면 안 돼요? 한 입만 먹어보면 안 돼요? 참견이 끊이질 않는다. 그래도 누군가 자신을 위해 맛있는 걸 준비하고 있다는 생각에 모두가 들뜨고 기쁜 표정이 역력하다. 재현이도 물 마시러 왔다면서 주방을 들어선다. 누가 뭘 어쨌다고 일러바치며 흘끗 뭘 만드나 쳐다보고는 제 마음에 드는 음식이 보이는 날이면 갑자기 흥분해서 오늘 점심은 뭐라고 큰 소리로 떠들어댄다.

장을 봐와서 씻고 다듬고 볶아서 늦지 않게 상을 차리는 일이 쉽지 않지만, 한편으로는 조용히 몰두해서 점심 준비를 하는 게 행복하기도 했다. 그동안 다른 두 명의 교사들은 공익요원과 아동복지교사로 파견된 시간제 선생님의 도움을 받아 스무 명이 훌쩍 넘는 아이들의 온라인 학습이며 온갖 뒤치다꺼리를 감당해주었다.

식사 준비로 온전히 칭송만을 들을 수 없었던 까닭은 원래 해야 할 몫의 일을 젖혀두고 점심 준비에만 골몰하고 있었기 때문이다. 한 끼 먹이는 것만 중요한 게 아니라 방역도 매일 해야 하고, 보고도 해야 하고, 온라인 수업 지원도 하고, 온종일 센터에 머물며 버릇처럼 심심하다고 몸을 뒤트는 아이들과 놀아도 주고 이런저런 활동도 해야 하는데, 꿀단지라도 숨겨놓은 듯 툭하면 부엌으로 내빼니 뒤통수가 따끔거리기 시작했다. 온라인 수업을 시작한 뒤 아이들 중에는 몰래 휴대폰으로 게임을 하거나 이상한 영상을 보려는 아이들이 늘어나면서 부작용도 생기기 시작했다. 센터에 오면 휴대폰을 맡기도록 되어 있지만, 아이들은 아직 온라인 수업이 끝나지 않아 뭘 좀 봐야 한다며 어떻게든 휴대폰을 빼앗기지 않으려고 기를 쓴다.

재현이도 어디서 무얼 보았는지, 사이코패스가 어떻고 좀비가 어떻고 하는 자극적인 이야기들을 끝도 없이 늘어놓는다. 그러지만 말고 책도 좀 읽고 이런저런 활동도 같이 해보자 해도 무조건 재미가 없을 것 같단다. '영상 보기'에 맛을 들인 아이들은 눈치를 살살 살피며 심심하단 소리를 염불 외듯 한다. 그러면서도 "이건 어때?" 하고 권하는 일들은 기다렸다는 듯 '아니요' '싫어요'만 연발한다. 휴대폰을 내놓으란 소리인 건지, 뭘 하려 들지도 않으면서 심심하다고만 하면 참 어쩌랴 싶어 입맛을 쓰게 한다.

재현이의 경우는 특히 걱정스럽고 안쓰러운 생각이 들어 아버지와 의논해서 잠드는 시간 전까지 센터에서 재현이를 돌봐주면 어떻겠는가 제안을 했지만 한 달이 못 되어 피차가 손을 들어버렸다. 병을 앓던 삼촌이 얼마 전 갑자기 세상을 떠나셨는데 그 모습을 재현이가 목격하게 되어 걱정스런 마음이 컸다. 이젠 삼촌도 안 계신 집에 늦은 밤까지 홀로 있다가 잠드는 것이 무섭다고 하니 실은 어렵게 내린 결정이었는데, 막상 시작하고 보니 재현이도 나도 그 상황을 견디질 못하는 것이다. 저녁 8시만 넘으면 재현이는 집에 가고 싶다며 안달을 하고, 9시가 넘어가면 당장 집으로 데려다 달라고 꼴딱 넘어갔다.

하루 종일 아이들과 씨름하다 밤이 되어서야 이런저런 일거리를 겨우 집어드는데, 그 시간에 재현이가 곁에 있으니 생각과 달리 아무 일도 할 수 없는 상황이 벌어졌다. 처음에는 곁에서 공부라도 하라고, 조용히 책이라도 보라고 하면 될 줄 알았는데, 순진한 생각이었다. 거의 아무 일도 못 하고 재현이를 상대하다 집에 데려다주고 이것저것 문단속까지 봐준 다음 집으로 돌아오면 깊은 밤이 되어버린다. 미쳤지, 왜 그런 제안을 해가지고 내 무덤을 내가 팠을까 후회만 밀려들었다. 결국 뜻은 좋지만 현실이 뒷받침해주지 않는 것으로 그 일은 재빨리 막을 내렸다.

진짜 '긴급'한 돌봄

월요일부터 토요일까지 거의 매일 돌봄과 잡일로 아침부터 밤 10시가 다 되도록 강행군을 벌이고 있는 것이 벌써 일 년여가 되어간다. 학교나 다른 지역기관들이 멀쩡할 때는 별로 대접도 못 받던 지역아동센터였는데, 사회적 거리두기 단계가 올라간 상태에도 계속 긴급돌봄을 유지하고 있으니 이런 센터라도 필요하다고 아이들이 몰려들었다. 여름이 다가오면서 급격히 체력이 떨어져, 아이들이 많이 아쉬워했지만 당분간 '태쌤 밥집'은 문을 닫기로 했다. 교사들도 차라리 아이들을 돌보는 데 힘을 보태주길 원하는 눈치여서 기약 없이 미루기로 했다. 밥도 밥이지만 아이들 상태가 점점 걷잡을 수 없어지는 조짐도 보였기 때문이다.

하루 종일 아이들 소리로 떠들썩한 동네에서는 불만이 터져나오기 시작했다. "거기 파랑새죠?" 한번씩 낯선 전화가 걸려 와서는, 아이들끼리 집 앞에서 불장난을 하는 걸 봤다거나, 아이들이 동네에서 이런저런 몹쓸 장난을 하고 다니니 주의를 주라는 말이 끊이질 않았다. 올해 학교에 입학한 아이는 2월 중순에 유치원을 졸업하고 센터에 왔는데 아직 제대로 1학년이 되어보지도 못하고 있어, 센터에서 먼저 이런저런 것을 시작해야 했다.

늦게 일어나 혼자 아침 겸 점심을 먹고, 센터에서 저녁을 먹고 밖을 한참 싸돌아다니다 집에 가서 또 밥을 먹고 밤늦게까지 깨어 있는 아이들도 생겨나기 시작했다. 아침이면 학교 교사에게서 득달같이 전화가 와서 누가 온라인 수업에 접속해 있지 않으니 좀 챙겨달라는 부탁을 전해온다. 또 어떤 날은 하루 종일 온라인 게임만 하는 아이가 있는데 센터에서 좀 돌봐달라는 부탁이 들어오기도 한다. 그런 아이들 곁을 부모 중 한 사람이라도 지켜줄 수 있으면 싶다가도, 혹시 실직이라도 해야 아이를 돌볼 상황이 되는 거 아닌가 싶어 그런 소망도 함부로 품지 못한다.

그런 와중에 집을 옮기는 아이들이 늘어났다. 경제가 어려워지자 집세를 올리는 집주인들이 늘어났는데 부모들의 벌이는 오히려 줄었으니, 이사를 갈 수밖에는 도리가 없게 된 것이다. 싼 집을 못 구해서 아예 서울을 떠나는 경우도 있다. 그나마 같은 구로동 안이라 해도 이사 간 집이 멀어져서 매일 오갈 수 있을지 모르겠다고 걱정을 털어놓기도 한다. 아이를 키우는 부모 상황은 돌보지 않으면서, "모든 아이들을 돌보겠다" "한 아이를 키우는 데온 마을이 필요하다" 같은 말을 거리낌 없이 하는 우리 사회의 모순을 콕콕 집어내는 것만 같아 가슴이 아프다.

하루 몇 차례 화장실에 가서야 잠시 숨을 고르고 또 다시 긴급돌봄 상태에 돌입하기가 10개월 가까이다. 서른여섯 명의 정원을 모두 채운 센터에는 매일 서른 명이 넘는 아이들이 나온다. 하루 종일 북적이다 밀물처럼 아이들이 빠져나가고 나면 텅 빈 공간에 적응하는 게 쉽지 않을 정도다. 내일도 모레도 센터가 터져나가라 북새통일 텐데, 날씨가 더 추워지면 밖에도 못 나가고 이많은 아이들과 하루를 어떻게 보낼지 걱정이 앞선다. 마주칠 때마다 아이들이 화장실을 험하게 쓴다고 "거, 부탁 좀 하자"는 건물주 할아버지의 말씀은 심장을 덜컹 내려앉게 한다.

이렇게 난리를 치고 있는데, 저 멀리 문 닫힌 학교는 휑한 채로아무 말이 없다. 그저, 학교에 오지 마세요, 언제까지 온라인 수업을 들으세요, 숙제를 해서 어디에 어떻게 올리세요, 뭐 하세요, 뭐

하세요. 끝도 없이 뭘 그렇게 해내라고만 한다. 아이들이 온라인 수업을 듣는 척하며 손가락으로 딴 화면을 넘기고 있는 줄 알면서, 수업의 반의 반의 반도 채 머리에 담아두지 않는 줄 알면서도 모른 체한다.

사회 역시 무책임하다. 집에 머물러 있으라고 방송을 해대면서, 이 어린아이들이 하루 종일 머물러 있는 그 집들이 어떨지는 제대로 생각도 안 해봤을 테다. 긴급돌봄을 유지하고 나서 보고를 올리라고 지시는 쉽게 하면서, 긴급돌봄을 어떻게 도와줄지는 한번 묻지도 않는다. 긴급돌봄을 하라고 말하려면 적어도 돌봄이 가능한 안전한 장소는 마련해주고 그런 소리를 해야 하지 않을까? 아이들 밥 먹이느라 내내 애쓰고 있는 줄 알면, 누가 어떻게 밥을 해서 먹이고 있느냐고 인사라도 건넬 줄 알아야 하는 것 아닐까?

교문을 닫는다고 아이들이 사라지는 게 아닌 줄 뻔히 알면서, 너희들은 어디서 놀고 어떻게 지내고 있니, 살갑게 묻는 법이 없다. '어쩔 수 없지, 네 엄마 아빠가 알아서 잘 돌봐야지' 그렇게 생각하는 모양이다. 그러니 아이들이 그런다. 세상에 부모 잘못 만난 아이들 서러워서 살겠냐고. 불행인지 다행인지, 아이들은 아직 모르는 모양이다. 사실은 사회를 잘못 만난 건데 말이다.

(vol. 132, 2020. 11-12)

비대면 시대의 체육 수업

학교교육 속에서의 '체육'

좋은 삶을 누리기 위해서는 '건강'이 중요하다는 말에 대부분의 사람들이 동의할 것이다. 교육부, 문화체육관광부 주요 정책에서도 '학교체육 활성화'라는 말을 쉽게 찾아볼 수 있다. 학교체육 활성화는 실제로 이루어지고 있을까.

학교의 체육 수업 환경은 끊임없이 변화해왔다. 학교 수가 적고 규모가 컸던 과거에는 학교마다 큰 운동장이 있었다. 하지만

김의진 _ 서울시교육청 장학사. 체육교사로 있다가 체육교육의 방향을 잡는 일을 하고 싶어 장학사가 되었다. 유튜브 채널 '체육 수업과 스포츠 문화'를 운영하며, 『쉽게 배우고 함께 나누는 스마트 체육 수업』을 썼다.

최근엔 규모가 작은 신설 학교들이 많아짐에 따라 체육 수업이 탁구, 배드민턴 등 좁은 공간에서 할 수 있는 활동으로 구성되는 경우가 많다. 학생들의 체력검사 종목 중 100미터 달리기는 언제부터인가 50미터 달리기로 바뀌었고, 이제는 50미터 달리기와 제자리 멀리 뛰기 중에서 하나를 선택할 수 있게 되었다. 운동장이 좁아 50미터 달리기도 할 수 없는 학교를 찾기도 어렵지 않은 상황이다.

불과 십수 년 전만 해도 절반 정도의 학교에는 체육관이 없었다. 체육교사들과 체육 수업을 좋아하는 학생들은 비가 오면 하늘만 바라보며 실망하곤 했다. 최근에는 비보다 미세먼지와 폭염 등으로 실외 체육 수업을 할 수 없는 날이 늘어남에 따라 배구, 탁구, 배드민턴, 체력운동 같은 실내 스포츠 비중이 점점 늘어나는 추세다.

체육교과의 성패는 학생이 주어진 과제를 학습하기에 적절한 공간에서 적절한 시간만큼의 기회를 충분히 부여받는가에 달려 있다. 교사가 아무리 잘 설명하고 우수한 시범을 보여주며 적절한 피드백을 하더라도 학생의 신체활동 경험이 효과적이지 못하면 좋은 수업이 될 수 없다. 체육교사들이 에어컨 설비를 갖춘 체육관에서 수업하는 걸 좋아할 것 같지만, 실제로는 운동장을 더 좋아하는 이유가 바로 여기 있다. 학생들 역시 답답한 체육관보다는 맑은 하늘 아래 마음껏 뛸 수 있는 운동장을 더 좋아하는 편이다. 점점 줄어들고 있는 실외 체육 수업이 너무나 아쉬운 현실이다.

원격 수업과 등교 수업이 교차하는 코로나 팬데믹 상황에서도 사람들의 관심은 이른바 '국어, 영어, 수학'으로 대표되는 주요 교과에 집중되어 있었다. 이러한 교과의 경우에는 원격 수업이 기대보다 부실하니 신경을 써달라는 민원이 많지만, 체육교과의 경우 코로나 확산을 예방하기 위해 수업을 못하게 해달라는 민원이 더 많은 것이 현실이다. 미지의 감염병으로부터 건강을 잃을지도 모른다는 두려움이, 건강한 삶을 위한 체육활동을 제한해달라는 것으로 표출되는 아이러니한 상황을 만들어낸 것이다.

원격으로 하는 체육 수업

2020년 3월, 교육부가 온라인 개학을 발표했다. 어떻게든 학교 교육은 계속되어야 할 필요성이 있기에, 최선은 아닐지라도 온라인 수업이라는 과감한 도전을 결정한 것이다. 모두가 처음 겪는 당황스러운 일이었다.

원격 수업을 시작하면서 대부분의 교사들은 '온라인'이라는 특성에 맞추어 자신의 수업을 재구성하기 위해 노력했다. 그런데 체육교사들은 적절한 방법을 찾는 수준을 넘어 내용까지도 완전히 재구성해야만 했다. 학생들이 신체활동을 하는 '집'이라는 공간의 조건이 학교의 체육 수업 환경과는 완전히 달랐기 때문이다. 신체활동이라는 체육교과의 본질 자체에 대한 도전이었다.

대다수 학생들이 공동주택에 거주하는 현실에서 뜀뛰기, 던지기, 차기 같은 활동은 할 수 없게 되었다. 말 그대로 일부 제한적인 움직임만 가능한 상황이었다. 그동안 체육교과에서 중요하다고 생각해온 경험들도 할 수 없게 되었다. 짧은 시간의 눈 맞춤 eye-contact을 통해 친구들과 협력하는 경험, 서로 공을 던지고 받는 움직임 속에서 공간과 사물, 나와 너를 적절하게 조화시키는 경험을 할 수 없게 된 것이다. 공간과 움직임이 극도로 제한된 상황에서 선택할 수 있는 학습내용의 범위가 아주 좁아졌다.

이런 고민을 안고 1학기 체육교과에서 시도한 최고의 인기 종목은 바로 '저글링'이다. 다양한 신체활동을 유도하는 체육교과의 내용 중 하나인 저글링은 걷기, 달리기, 수영, 줄넘기 등과 마찬가지로 몸이 평생 기억할 수 있는 운동기술이며, 난이도를 어떻게 설정하느냐에 따라 체력운동으로도 큰 가치를 지니는 신체활동이다. 하지만 지금까지는 체육교과에서 저글링을 접하기 쉽지 않았다. 좋은 신체활동 내용이라는 데 공감은 하더라도, 체육교과에서 기존에 중요하게 다루고 있는 내용만으로도 시간이 부족했기 때문에 저글링이 비집고 들어갈 틈이 별로 없었다.

하지만 원격 수업 국면에서 여러 제약을 넘어서는 학습 내용을 찾던 체육교사들에게 저글링은 좋은 대안이 되었다. 특별한 교사교육도 직무연수도 없었지만, 전국 대부분의 학교에서 학년을 불문하고 동시다발적으로 저글링이 확산되기 시작했다. 저글링은 서서 할 수도 있고 앉아서도 할 수 있다. 공을 대체할 만한 양말 뭉치 같은 도구도 집에서 쉽게 준비할 수 있다.

아이들의 반응은 의외로 좋은 편이었다. 저글링의 경우 거의 모든 학생들이 백지 상태에서 출발한다는 공통점이 있었다. 즉, 기존의 체육 수업에서 좌절을 맛본 학생들과 원래 운동능력이 좋은 학생들의 차이가 거의 없다는 이야기다. 보기에는 매우 어려운 듯한 기술이지만 수영이나 걷기와 마찬가지로 자동화되면 누구나 할 수 있는 운동기술이기도 하다. 아이들도 적극적으로 연습했고 과제영상도 잘 제출하는 편이었다고 들었다.

문제는 학생이 아니라 학부모였다. 아니, 진짜 문제는 학교 안에 있었다. 학생들이 집에서 체육 수업으로 저글링하는 모습을 본 학부모 중에는 자녀가 잘 못하는 모습을 보면서 수행평가 점수를 낮게 받을까봐 걱정하는 사람들이 있었다. 이러한 학부모들의 걱정은 교장, 교감에게 "학교에서 서커스를 가르치는 것이 말이 되느냐? 시정해달라"는 형태로 전달되었다. 보수성이 강한 관리자의 경우 교육과정에 근거도 없는 것을 가르치다가 체육교사들이 비난을 받게 될까봐 걱정하기도 했다.

사실 체육교과에서 저글링은 2007 개정 교육과정 때부터 교육과정에 명시되기 시작했고, 교과서에 포함되기도 했다. 동작의 수준과 과제의 지속시간 등을 어떻게 설정하느냐에 따라서 초등학생부터 고등학생까지 두루 수행할 수 있는 신체활동인 저글링은 줄넘기처럼 모든 연령대에서 할 수 있는 체육 수업인 셈이다. 코로나19 이후에도 학교체육의 한 부분으로 자리 잡고 그 가치를 인정받게 될 것으로 생각한다.

1학기에 체육교사들은 상황이 곧 나아질 것으로 기대하며 제한된 범위 안에서 가능한 내용을 고심해 교육과정을 운영했다. 말 그대로 비상 상황에서 간신히 임시 교육과정을 꾸려온 것이다. 그런데 8월 개학과 동시에 다시 한 달이 넘는 기간 동안 원격수업을 하게 되었다. 2학기 등교 수업을 전제로 설계했던 교육과정을 다시 수정할 수밖에 없었다. 제한된 범위에서 임시방편으로 운영했던 1학기 수업을 2학기에 또 할 수는 없었다. 1학기보다 선택의 범위가 더욱 좁아진 상황에서 깊은 고민에 빠질 수밖에 없었다.

학생의 입장에서는 '학교 가는 날'이 '평가하는 날'이 되어버렸고, 일주일에 하루 등교하던 시기에는 온종일 평가만 하다가 하교하는 상황이 반복되었다. 천재지변으로 인한 특수한 상황이라고는 하지만, 학교의 바람직한 모습은 아니었다. 학교에 등교한다는 것은 사람과 사람이 만난다는 것을 의미한다. 교사와 학생의 만남, 학생과 학생의 만남 속에서만 가능한 수업, 교육과정을 기반으로 잘 계획된 의미 있는 학습경험을 할 수 있어야 한다.

체육교과의 경우 동영상을 제출하는 방법 등으로 원격 수업 중에도 수행평가를 할 수 있다는 장점이 있지만, 오히려 등교 수업 중에는 방역 수칙을 준수하느라 원격 수업보다 더 많은 제약이 따른다. 많은 학생이 같은 장소에 모여서 마스크를 착용하고 사회적 거리두기 원칙을 준수하며 할 수 있는 신체활동은 많지 않기 때문이다.

교육부의 방역 지침을 준수하면서 체육 수업을 구성하다 보니, 원격 수업과 마찬가지로 대부분의 학교에서 비슷한 내용을 선택할 수밖에 없게 되었다. 예를 들어 네트형 신체활동으로 단체종목인 배구보다는 상대적으로 거리두기가 용이한 배드민턴을 선택하는 학교가 많아지고 있으며, 농구 수업을 하더라도 신체 접촉을 유발하는 '경기'보다는 장갑을 낀 채로 개인별 기능 연습 위주로 수업을 구성하는 것이 일반적인 상황이 되었다. 결국, 체육교과에서 눈 맞춤을 통해 친구들과 협력하는 경험, 공간 속에서 다른 사람이나 사물들과 서로 적절하게 조화하는 경험 같은 목표를 달성하는 수업을 기대하기 어려운 상황이 계속되고 있다.

사회적 거리두기 시대의 운동과 건강

코로나 상황이 장기화되면서 많은 부모들이 자녀의 운동 부족을 걱정하고 있다. 학교에 등교한 아이들에게 뭘 가장 하고 싶은

지 물어보면 대부분 달리기, 축구 등 '운동장에서 마스크 벗고 마음껏 숨이 차오를 때까지 뛰어보는 활동'이라고 말한다. 성장기 아이들의 움직임에 대한 욕구는 인간의 본능이기도 하다. 넓은 공간에서 상쾌한 공기를 마음껏 마시며 뛰고 달리는 것이 좋다는 것은 모두가 알고 있지만 함께 할 수 없는 일이 되었다.

그래서 체육교사들이 초점을 맞추고 있는 것은 가족들과 함께 생활 속에서 운동하는 습관을 길러주는 수업이다. 예를 들면 타바타[1] 운동, 맨손체조 같은 운동을 원격 수업으로 지도하고, 학생이 수행하는 장면을 영상으로 기록하여 제출하는 일종의 운동일지 만들기 수업을 하고 있다. 층간소음 등을 고려해 비교적 정적인 운동 위주로 하는 경우가 많지만, 활발한 신체활동을 유도하기 위해 아파트 복도나 주차장 등에서 할 수 있는 줄넘기, 뜀뛰기, 계단 오르내리기 등을 하기도 한다. 원격 수업이 장기화되면서 공원에 있는 생활체육시설을 활용할 수 있는 턱걸이, 매달리기, 팔굽혀펴기 같은 과제를 제시하는 수업도 점점 늘어나고 있다.

혼자 수행하는 과제에서 벗어나 배드민턴 하이클리어 랠리[2], 배구 언더핸드패스 랠리[3] 등의 스포츠 종목별 과제도 서서히 확산되고 있다. 모든 학생이 가족의 도움을 받아서 학습활동을 할

---

1 20초 동안 운동하고 10초 휴식하기를 한 세트로 총 8세트를 반복하는 운동법.
2 상대편 코트의 경계선(백바운더리 라인)까지 높은 각도로 깊숙이 날려 보내는 스트로크(라켓으로 셔틀을 치는 일)로 셔틀콕을 계속 주고받는 것.

수 있는 환경은 아니지만, 가능한 다양한 가능성을 제시하는 원
격 수업이 연구되고 있다. 스마트폰의 운동기록 앱을 활용해 걷
기나 달리기, 자전거 트래킹 앱을 활용하여 자전거 타기, 신체활
동 도전과제 수행 앱을 활용한 수업 등의 다양한 시도가 확산되
고 있는 중이다.

2020년, 매일 학교에 가는 것을 당연한 의무이자 성실의 척도
로 생각했던 사람들에게 원격 수업과 등교 수업의 혼합은 새로운
관점을 열어주었다. 비대면으로 가능한 교육은 무엇이며, 면대면
교육에서 찾을 수 있는 의미가 무엇인지 다시 생각하게 되었다.
체육교과 역시 한동안 신체활동을 '통한' 교육에 관심이 많은 분
위기였지만, 신체활동을 '위한' 교육에 다시 관심을 기울이게 되
었다. 개인의 건강한 삶을 위한 실천적 경험을 넘어 이론적 · 방
법적 지식까지 시대적 요구에 맞추어 종합적으로 교육해야 할 것
이다.

잊지 말아야 할 것은 체육의 본질은 신체활동이며, 체육교과
에서는 스포츠문화를 누릴 수 있는 역량을 길러주어야 한다는 사
실이다. 스포츠문화는 국적과 언어를 넘어 공감대가 형성되어 있
는 인류문화의 중요한 부분이다. 체육교과에서 등교 수업이 필
요한 가장 큰 이유가 여기 있다. 혼자서 건강한 삶을 위해 운동을

---

3 낮게 날아오는 공을 양 손목으로 받아치는 기술. 공격을 받아 넘길 때 주로 사용한다.

하는 것은 체육 수업의 전부가 될 수 없다. 친구들과 삼삼오오 모여서 농구를 하고, 방과 후에 다른 반과 학급 대항 축구 경기를 하던 일상의 소중함이 더욱 크게 다가오고 있다. 어서 빨리 학교 운동장에서 마스크를 벗고 많은 친구들과 함께 몸을 부딪히며 땀 흘리는 경험을 할 수 있게 되었으면 하는 바람이다.

(vol. 132, 2020. 11-12)

놀이 현장에서 만난 걱정과 희망

그래도 놀이는 계속된다

3년 전부터 아내는 경기도 시흥 시청으로 출근을 한다. 전국에서 처음으로 시 단위 놀이정책을 기획하고 운영하는 '놀이전문관'으로 임용되었기 때문이다. 마을 놀이터에서 사라지는 아이들이 안타까워 놀이운동가를 자임하더니, 이제는 공무원이 되어 하루 종일 놀이만 생각하고 있다. 나도 그런 아내의 영향을 받아 놀이운동에 매료되어 시흥시의 놀이문화정책인 '플레이스타트'를

최재훈 _ 미국에서 상담학을 공부하고 상담 일을 했다. 딸아이가 태어나 육아 휴직을 하면서 놀이에 관심을 갖게 되었고, 지금은 시흥시의 놀이 정책 '플레이스타트'에 함께 참여하고 있다.

함께 가꾸고 있다.

시흥과 인연을 맺은 뒤 우리 부부는 많은 것을 경험했다. 놀이지원센터를 겸한 공공형 실내놀이 시설인 '숨쉬는놀이터'를 2호까지 열었고, 시흥에서 태어나는 아기를 위해 영아용 플레이 꾸러미도 만들고, 종이박스, 물, 진흙, 지푸라기를 이용한 팝업놀이터와 놀이활동가 양성과정도 운영했다. 이 모든 일들은 감사하게도 시민들의 많은 호응을 얻었고, 외부 기관의 인정을 받아 수차례 상을 받기도 했다.[1]

그런데 올해 2월 갑자기 온 세상이 멈춰버렸다. 놀이터는 문을 닫고, 예정된 행사와 프로그램은 연기되었다. 사실 그때까지만 해도 몇 주만 지나면 상황이 끝날 거라 믿었다. 그러나 쏟아지는 언론보도와 전염병 관련 자료들을 공부하며 사태가 길어질 것으로 판단했다. 그래서 3월 중순경 놀이활동가 모임을 온라인으로 전환하고, 이후 강사 훈련과 교육 프로그램들을 비대면으로 진행했다.

온라인으로 부모님들을 만나며 가슴 아픈 이야기를 전해들었다. 5월경 상황이 조금 나아지면서 등교 수업이 시작되었는데, 학교를 다녀온 아이들은 쉬는 시간에 친구를 만날 수도, 뛰어 놀 수

---

[1] 플레이스타트 시흥은 2019년 대한민국 건강도시상 대상, 매니페스토 경진대회 최우수상을 수상했다.

도 없는 학교를 "감옥 같다"고 표현했다. 어른들은 아이들과 함께 있는 시간이 "너무 힘들다"고 하소연했다.

이런 안타까운 이야기를 들으며 뭐라도 해야겠다는 생각을 하고 있는데 모임에서 누군가 온라인 팝업놀이터를 제안했다. 그렇게 해서 동요 부르기를 시작으로 딱지치기, 옷장 패션쇼를 주제로 놀이터를 열었다. 그리고 놀이 방법을 묻는 분들을 위해 기존에 운영하던 유튜브 채널인 '플레이스타트'에 사회적 거리를 지키며 할 수 있는 놀이, 온라인 팝업놀이터에서 소개했던 놀이, 놀이 관련 궁금증을 대담으로 풀어내는 '놀이톡톡톡' '심심할때진짜놀이' 캠페인 영상을 올렸다.

영아용 '플레이꾸러미' 온라인 교육은 약 150명이 수강했는데 참가했던 한 산모는 "배 속의 아기가 위험할까 봐 지난 3월부터 바깥 출입을 안 했어요. 이번 모임에서 가족 말고 다른 사람을 처음 만났어요"라며 눈물을 흘렸다. 그 말을 들으며 '그동안 얼마나 두렵고 외로웠을까' 가슴이 먹먹했다.

아이들을 걱정하다 만난 새로운 걱정

온라인으로 만남을 전환하는 것은 쉽지 않은 도전이었다. 몇 배의 품과 시간이 필요했고, 처음 가보는 길이라 예측하지 못한 일들이 벌어지기 일쑤였다. 그런데 내가 왜 이런 수고에 동참했을까를 생각해보았다. 그 이유는 '아이들'이 걱정되었기 때문이었다. 그런데 지난 8개월 동안 언론을 통해 또 온라인에서 여러 사람들을 만나며 나를 걱정시킨 존재는 아이들이 아니라 오히려 '어른들'이었다. 변화를 힘들어하고, 폐쇄적인 집단에 모여 공동체를 위험에 빠뜨리고, 전염병이 창궐하는데 집값 오르기만을 고대하고, 인간 중심주의에 매몰되어 환경파괴와 기후변화에는 무관심한 어른들.

그동안 우리 어른들은 아이들에게 이런 충고를 해왔다. "변화를 두려워하지 말고, 다양한 사람들과 사귀고, 창의적으로 문제를 해결하고, 미래를 향해 도전해라. 4차 산업혁명 시대에 필요한 훌륭한 인재가 되어라!" 그런데 정작 팬데믹이란 거대한 변화 앞에서 어른들은 과연 그 충고를 자신의 '생존 전략'으로 활용하고 있을까?

위기의 순간에 내리는 선택은 그 사람이 평소에 무엇을 진짜 중요하게 생각했는지를 보여준다. 생명의 위협을 느낄 때 인간은 참된 자아와 마주하기 때문이다. 코로나19라는 위기 앞에서 어른들은 무엇을 선택했을까?

팬데믹 이후 프랑스는 초등학교 1학년 아동과 맞벌이 부부 그리고 방역 근무자의 자녀들을 우선 등교시켰다. 그러나 한국은 고3 학생들을 가장 먼저 등교시켰다. 그리고 이 선택에 우리 사회는 별다른 문제 제기를 하지 않았다. 팬데믹 상황에서 고3 학생을 우선 등교시킨 나라는 세계에서 한국이 유일하다. 우리 사회는 왜 이런 선택을 했을까? 왜냐하면 '시험 잘 보는 것'이 가장 중요했기 때문이고, 그것이 교육이라고 믿었기 때문이다.

그런 맥락에서 어떤 아이가 학교를 '감옥 같다'고 한 것은 틀린 말이 아닌 것 같다. 위기를 만나자 감추고 있던 어른들의 속마음이 드러났다. 그리고 그것을 아이들은 '공부 감옥'이란 정확한 언어로 묘사했다.

2019년 9월 스위스 제네바에서는 우리나라가 제출한 유엔아동권리협약 이행 보고서에 대한 유엔 아동권리위원회의 심의가 있었다. 심의 현장에서 아말 알도세리 위원은 이렇게 말했다. "한국 공교육의 최종 목표는 오직 명문대 입학인 것으로 보인다. 아동의 잠재력을 십분 실현할 수 있게 발달을 유도하지 않고 경쟁만이 목표인 것 같다. 이는 아동권리협약과 거리가 멀다."[2]

학교는 공부를 하는 곳이기도 하지만, 친구를 만나 우정을 쌓고, 다양한 활동을 함께하며 협력을 배우는 곳이다. 이것이 코로나 시대에 다시 발견한 공교육의 아름다운 가치들이다. 그러나 팬데믹 이후 우리 어른들은 어떤 학교를 만들어놓았나?

많은 전문가들은 코로나19가 소위 4차 산업혁명을 가속화시켰다고 말한다. 그런데 마스크를 쓰고 시험만 생각하는 감옥 같

---

2 "한국 교육의 목표는 오직 명문대 입학인가", 《중앙일보》, 2019년 9월 20일자.

은 학교에서 아이들은 어떤 미래를 준비할까? 교육부는 코로나 19가 종식되어도 온라인 수업을 지속하겠다고 선언했다.[3] 그러나 미네르바 스쿨이 아이비리그보다 우수한 성과를 낼 수 있었던 것은 온라인 수업을 했기 때문이 아니다. 학교 건물을 나와 '일상생활'에서 문제를 발견하고 해결하는 방식으로 교육의 패러다임을 바꿨기 때문이다.[4]

아이러니하게도 팬데믹은 많은 사람들을 '집'으로, '일상생활'로 돌아가게 했다. 그런데 어른들은 그 일상생활이 어려워 아우성이다. 왜일까? 그동안 '집house'을 돈벌이 수단으로만 생각했기 때문이다. 사람이 살고, 문화를 만들고, 이웃과 교류하는 일상생활을 위한 공간이 아니라 투기 대상으로 만들어버렸다. 그렇게 아파트를 지어 마을을 해체하고 이웃을 잃어버렸다. 아파트 평수로 집의 가치를 하향 평준화시키고 건강한 문화를 배워나가는 가정의 역할을 망각해버렸다. 그리고 막상 위기를 만나 일상생활로 떠밀려 들어오자 빈사 상태에 놓인 실체와 마주하고 어찌할 바를 몰라 한다. 나는 이것이 코로나 블루의 중요한 원인 중 하나라고 생각한다.

---

3 유은혜 "코로나 사라져도 초중고 온라인 수업 병행", 《매일경제》, 2020년 8월 3일자.
4 미네르바 스쿨 올해 첫 졸업생 진로 "아이비리그보다 성과", 《조선비즈》, 2019년 5월 11일자.

위기에 도전하며 만난 생각들

사실, 아이들의 놀이가 위기를 맞은 것은 코로나19 때문이 아니라고 생각한다. 이미 한국 아이들의 '놀이 위기'는 그전부터 존재했다. 지금까지 우리 어른들은 아이들이 느끼는 고통을 애써 외면해왔다. 공부 노동에 시달리는 아이들에게 수억 원짜리 놀이터와 건물을 지어주며 달래왔다. 마치 바쁜 부모가 값비싼 선물로 미안함을 무마하려는 것처럼 말이다.

그러면 이제 어떻게 해야 할까? 지난 10개월 동안 현장에서 부모들과 여러 전문가들을 만나 고민을 나누며 몇 가지로 생각을 정리해보았다. 우선 어른들은 자신의 본심과 마주해야 한다. 상담실에서 내담자와 만났을 때 가장 먼저 하는 작업은 내담자가 자신의 모습을 있는 그대로 받아들이게 하는 것이다. 그동안 우리 어른들은 아이들을 어떻게 대했을까? 우리는 오늘을 사는 아이들을 사랑하지 않았다. 그 대신 우리가 바라는 미래의 아이들을 더 사랑했다. 그래서 값비싼 선물로 어르고 달래며 오늘의 아이를 미래의 아이 속에 욱여넣으려고 했다. 코로나가 한창인 지금도 우리 어른들은 학교가 끝난 뒤 마스크 한 장을 아이들 얼굴에 씌우고 다시 집 밖으로 내보낸다. 그러나 이젠 스스로에게 물어야 한다. 그것이 정말 교육인지! 그 대답 앞에 자신을 정직하게 비춰봐야 한다.

다음으로 방역 수칙을 잘 지키며 신뢰하는 사람들과 소그룹으로 만나야 한다. 지난 5월 나는 그동안 놀이 강의를 하며 만난 지방의 여러 부모 모임에 전화를 걸었다. 놀랍게도 서로 깊이 교제해온 모임들은 코로나19가 한창인 중에도 여전히 대면 모임을 하고 있었다. 만나기 위해 평소 방역 수칙을 잘 지키고, 수개월 동안 모이면서 임상적으로 안전을 확인했기에 가능한 일이었다. 지난 8월 상황이 조금 나아져 대구에 사는 지인 집을 방문한 적이 있었다. 그때 강의에서 만난 여러 가정들을 초대했는데, 각자 음식을 준비해서 나눠 먹고 동요도 부르며 오랜만에 즐거운 시간을 보냈다.

내가 이런 모임의 필요성을 강조하는 이유는 다음과 같다. 사람은 의사소통을 할 때 태도, 눈빛, 말투, 표정 등 93퍼센트의 비언어적인 요소로 정보를 전달하는데, 이런 정보를 잘 파악하려면 '대면 접촉'이 필수적이다. 이 경험을 통해 공감 능력, 민감성, 사회성이 길러지기 때문이다. 아이들이 이런 경험을 할 수 있는 가장 좋은 방법은 '놀이'다. 그런데 팬데믹 상황에서 폭증한 비대면 환경은 이런 경험의 기회를 현저하게 축소시켰다. 이 현상은 개인의 역량을 떨어뜨릴 뿐 아니라 미래사회에 적지 않은 부담이 될 수 있다. 공감 능력, 민감성, 사회성이 떨어지는 사람은 타인을 이해하고 갈등을 해결할 역량이 부족해지고, 그런 사람들이 많아질수록 사회가 더 위험해질 것이기 때문이다.

마지막으로 학교는 다시 놀이에 관심을 가져야 한다. 2015년 전국 시·도교육감협의회가 '어린이 놀이헌장'을 선포하고 다양한 놀이정책을 펼치면서 아동의 '놀 권리'에 대한 관심이 학교 현장에 조금씩 확산되었다. 그러나 코로나와 함께 이 모든 노력들이 물거품처럼 사라져버린 것 같다. 학교가 아이들의 놀이에 관심을 가져야 하는 이유는 단지 아동들에게 시혜를 베풀기 위해서가 아니다. 작업 기억과 의지력을 관장하는 전두엽은 인간다움을 결정하는 중요한 역할을 하는데, 놀이는 전두엽을 발달시키는 가장 좋은 방법이기 때문이다.[5] 그런 이유로 2019년 7월에 고시되고 올해 3월에 전면 시행된 영유아 교육기관의 누리과정 또한 놀이 중심, 유아 중심으로 전면 개편되었다.

놀이를 위한 뉴노멀을 향해

며칠 전 하반기 놀이활동가 교육에 참여했던 부모들이 단체 채팅방에 이런 글을 올렸다. "심심할 때 진짜 놀이가 시작된다는 이야기를 듣고 아이에게 '놀아주기'를 멈추었습니다. 그러면서 아이는 스스로 놀이를 찾아갔고 힘들었던 제 일상도 조금씩 나아지고 있습니다." "요즘 왠지 잔소리가 많아졌는데, 강의를 듣고

---

5 만프레드 슈피처 씀, 김세나 옮김, 『디지털 치매』, 북로드, 278쪽.

다시 마음을 가다듬게 되었어요." "놀이를 공부하며 아파트를 나와 마당이 있는 집으로 이사했어요. 이젠 아이들이 맘껏 뛸 수 있게 되었네요. 오늘은 비가 내렸는데 하루 종일 바깥을 드나들며 비와 함께 놀았습니다. '구호'가 아니라 '삶'으로 살아갈 수 있도록 놀이의 가치를 건네 준 여러분에게 감사해요." 글을 읽으며 시흥에서 만난 소중한 분들의 삶이 우리 부부에게 다시 빛을 비추고 지친 어깨에 힘을 북돋아주는 것을 느꼈다.

아이들은 언제든 '놀이의 탄성'이 튀어오를 준비가 되어 있는 용수철과 같다. 그러므로 우리가 할 일은 억눌려 있는 아이들을 연민하고 걱정하는 것이 아니라, 용수철을 누르고 있는 손을 치우는 것이다.

팬데믹의 원인은 무엇일까? 코로나 바이러스일까? 전문가들은 자연을 파괴해서 숨어 있던 바이러스를 깨워낸 '인간'이 원인이라고 말한다.[6] 마찬가지로 지금 아이들이 놀지 못하는 것도 코로나19 때문이 아니다. 그러므로 먼저 욕망의 사다리를 걷어차자. 그리고 방역 수칙을 지키며 서로를 신뢰하는 작은 모임을 만들어 그 안에서 아이들이 친구와 만나 놀게 하자. 그것이 아이와 어른 모두의 몸과 마음이 '인간다움'으로 돌아갈 수 있는 '뉴노멀'이다.

---

6 데이비드 쾀멘 씀, 강병철 옮김, 『인수공통 모든 전염병의 열쇠』, 꿈꿀자유, 10쪽.

많은 전문가들이 '코로나 이전으로 돌아갈 수 없다'고 말한다. 그런데 그 이전의 학교가 시험 준비만 하는 공부 감옥이라면, 이전의 집이 생명의 온기가 사라진 투기 대상이라면, 나는 오히려 그곳으로 돌아갈 수 없는 것이 다행이라고 생각한다.

(vol. 132, 2020. 11-12)

우리 몸의 면역계와
아이들의 몸

몸의 이동식 도서관, 적응면역계

여기 커다란 방이 하나 있다. 사방 벽은 천정에 닿을 듯한 책장으로 뒤덮여 있고, 책장에는 다양한 색깔과 크기의 책들이 빼곡히 꽂혀 있다. 이 많은 책들 속에는 다양한 상황에 대처할 수 있는 지혜로운 행동지침이 들어 있다. 한 권당 비법이 딱 하나씩만 들어 있지만, 책이 워낙 많으니 사람이 살면서 경험할 모든 경우의 수가 다 들어 있다고 봐도 좋을 것이다. 더욱이 책들은 주기적

이낙원 _ 인천 나은병원 호흡기내과 과장. 『우리는 영원하지 않아서』, 『별, 할머니, 미생물 그리고 사랑』, 『바이러스와 인간』 같은 책을 썼다.

으로 바뀐다. 낡은 책들은 사라지고 그 자리에 새로운 비법서가 들어선다. 고부간의 갈등 해결법부터 최근에 벌어지는 전화 금융 사기 대처법까지 모든 비법서들이 갖춰져 있는 것은 부지런히 책을 관리하는 사서 덕분이다. 이 작은 도서관 하나면 인생의 어떤 어려움도 헤쳐 나갈 수 있을 것 같다.

우리는 실제로 이런 도서관을 우리 몸 안에 지니고 있다. 바로 '적응면역계'라 불리는 우리 몸의 면역체계다. 책 한 권에 한 가지의 처세술이 담겨 있듯이 적응면역계의 면역세포 하나하나에는 단 한 가지의 미생물 항원을 감지하는 수용체가 들어 있다. 세포당 딱 한 가지일 뿐이지만 세포마다 모두 다른 수용체를 가지고 있어서 감지할 수 있는 항원의 다양성을 헤아리자면 무려 천억 개에 달한다. 말하자면 천억 가지 비법을 담고 있는 책들이 모여 있는 도서관을 우리 몸속에 갖추고 있는 셈이다. 그것도 주기적으로 업데이트하면서 말이다.

이 대단한 도서관은 어떻게 형성되고 유지될까. 우선 신기한 것은 천문학적 다양성이다. 면역세포들은 골수에서 만들어지고, 이 세포들이 만들어지기 위해서는 '설계도'가 담긴 유전자의 지시가 필요하다. 천억 개의 설계도를 가지고 있기에는 우리 유전자가 너무 작다. 그래서 우리 몸은 면역세포 일부 구간을 유전자 재조합 방식을 이용해서 만들어낸다. 같은 설계도이지만, 일부는 무작위로 설계도면을 바꾸게 한 것이다. 공장에서 공산품을 만들어내는 과정에 비유하면 이해가 쉽다. 설계도면대로 일괄로 찍어내지 않고, 마지막 공정에서는 작업자가 설계도를 임의로 바꾸어서 만드는 것이다. 면역세포의 수용체를 만드는 과정을 이런 방식으로 하면, 만들어질 때마다 다른 모양의 수용체를 지닌 면역세포들이 생겨난다. 그럼 천억 개가 아니라 그 이상의 다양한 면역세포들을 만들 수 있다.

그리고 나서가 더 중요하다. 면역계에 속하는 세포들의 '비법'은 몸 밖의 미생물을 '항원으로 인식하고 공격하는 능력'이다. 면역세포들은 '자기'와 '비자기'를 철저히 구별하고, '자기'가 아닌 '비자기'만을 공격할 수 있어야 한다. 그러나 다양성을 위해 무작위로 만들다 보니 자칫 우리 몸 자체를 공격하는 세포가 만들어질 수 있다.[1] 그래서 세상에 태어난 면역세포들은 고강도의 교육과정을 거치게 된다.

적응면역계의 핵심은 림프구다. B림프구와 T림프구 두 종류중에서 T림프구에 대해 이야기자하면, 골수에서 태어나자마자 흉선으로 보내져 흉선에서 성장과 성숙의 과정을 거친다. 여기서 철저한 대면 수업이 이루어진다. '자기'의 모든 항원과 대면하는 과정을 거치고, '자기'를 인식하고 공격하는지 일일이 확인한다.

---

[1] '자기'를 공격하는 면역세포들이 생기면 자가면역질환이 생긴다. 류머티즘성 관절염, 아토피 같은 질환이 여기에 속한다.

이 과정에서 품질 미달로 확인된 T림프구들은 모두 소멸하는데, 태어난 T림프구들의 90퍼센트가 소멸한다고 하니 그 훈련과정이 너무나 혹독하게 느껴진다(그리고 살아남은 10퍼센트가 천억 종류의 다양성을 유지한다). 훈련에서 살아남은 T림프구들은 '비자기'만을 인식하고 공격하는 능력을 갖추고, 적응면역계라는 방대한 도서관의 책 한 권으로 선택되어 비치되는 것이다.

만일 폐 속 깊숙이 어떤 바이러스가 침입하여 폐렴을 일으켰다고 하자. 먼저 신속 대응팀인 선천면역계가 싸움을 시작하고, 이어서 적응면역계가 활성화된다. 앞서 말했듯 적응면역계는 방대한 도서관과 비슷하다. 이때 필요한 과정이 도서관에 비치된 천억 권 중에 이 상황에 딱 필요한 책을 뽑아내어 사용해야 한다는 것이다. 몸 안에 있는 도서관이라 검색 시스템이 있지는 않다. 천재적인 사서가 있다 하더라도 원하는 책을 단시간 안에 찾아내는 것은 불가능할 것 같다.

하지만 우리 몸은 '사서' 없이도 이 일을 수행해낸다. 면역세포들을 끊임없이 순환시키는 것이다. 천억 개의 면역세포들이 혈관과 림프관을 통해 끊임없이 몸 안을 돌아다니도록 한다. 이동식 도서관인 셈이다. 면역세포들이 이동 중에 염증 반응이 일어난 곳에서 딱 맞는 미생물을 만나면, 이 만남을 계기로 림프구는 비로소 자신의 비법을 가동하게 된다. 이를 활성화activation된다고 표현하는데, 다른 면역세포에 신호를 보내어 필요한 항체antibody를 만들게 하고, 골수로도 신호를 보내 해당 미생물을 공격하는 똑같은 면역세포들을 대량으로 만들어낸다. 그리하여 특정 미생물을 공격하는 대규모 후방지원이 가능해지는 거다. 그러면 대부분의 미생물은 소멸하고 감염 전쟁은 승리로 끝이 난다.

바로 여기서 두 번째 선택이 이루어진다. 미생물을 만난 면역세포들은 미생물이 가지고 있는 특정 항원에 대한 기억을 20년 정도 잃어버리지 않는다. 반면에 미생물을 한 번도 만나지 못한 면역세포들은 무반응anergy 과정을 거치면서 소멸한다. 과거 한 번 앓았던 감염성 질환을 더 쉽게 이겨낼 수 있는 이유가 바로 선택된 면역세포의 기억에 있다.[2] 우리 몸의 이동식 도서관의 도서 관리는 미생물과의 '대면'을 통해 끊임없이 업데이트되는 것이다.

면역계의 관계 의존성

코로나19의 대유행 속에서 새삼스럽게 자각하게 된 것이 있다. 바로 '우리가 얼마나 긴밀하게 연결되어 있는가'하는 것이다. 사회적 거리 두기로 인해서 잠시 떨어져 있을 때, 우리는 떨어져 지내는 것이 얼마나 힘들고 불편한지 알게 되었다. 경제는 침체

---

[2] 전세계의 과학자들이 만들고 있는 코로나19 바이러스의 백신은 바로 면역계의 이런 특성을 겨냥한 것이다. 바이러스가 가지고 있는 항원을 만들어서 넣어주어 면역계가 기억하도록 한다.

되고, 학교는 문을 닫고, 친구들과 만날 수 있는 공간도 사라졌다. 최소한의 연결을 유지하기 위한 택배 노동자들이 너무 바빠져서 과로사하는 일까지 벌어졌다.

우리는 사람 인(人)의 글자가 보여주듯이 서로 기대어야 서 있을 수 있는 존재다. 그러나 면역계는 기대기 위해 생겨난 체계가 아니라 '배제'하기 위해서 존재하는 몸의 시스템이다. 내가 아닌 '남'을 찾아내서 공격함으로써 나를 지키기 위한 방어체계인 것이다. 그런데 지난 수십 년간의 연구 결과는 면역계조차 서로 연결되면서 존재한다는 사실이 밝혀졌다.

인간의 면역계는 태어나면서부터 유전자에 각인된 고정된 실체가 아니다. 아기는 엄마 뱃속에서 나올 때 무균 상태였지만, 엄마의 젖꼭지를 통해 들어온 미생물을 처음으로 접하게 된다. 곧이어 환경에 존재하는 온갖 미생물을 입과 소화기관을 통해 만난다. 이런 만남은 면역계가 성장하는 데 도움을 주고, 특히 자신의 몸을 공격하지 않게 하는 면역 관용immune tolerance을 형성하는 데도 역할을 한다. 영유아기에 미생물과 만남의 빈도가 떨어지면 오히려 면역계의 발달이 지연된다. 실제로 도시의 깨끗한 환경에서 자라난 아이들이 시골 아이들보다 알레르기나 아토피, 천식 같은 면역 질환에 훨씬 많이 걸린다.

지금도 우리는 미생물 없이는 일주일도 살지 못한다. 대장 속의 미생물 덕분에 시금치를 소화할 수 있고, 각종 비타민 결핍도 피하면서 지낼 수 있다. 피부와 겨드랑이에 존재하는 미생물은 오히려 곰팡이와 같은 나쁜 미생물을 차단하는 역할을 하기도 한다. 미생물이 '자기'라는 면역학적 정체성을 형성하는 데 도움을 준다는 것을 떠올린다면, 우리의 몸은 하나의 미생물 생태계라고 봐도 무리는 없을 것 같다. '자기'를 지키기 위해 존재하는 면역계이지만, 그마저도 환경과 교류하면서 자기 정체성을 형성해가는 것이다. 그래서 면역학적 '자기'를 '관계론적 자기'라고 한다.

다양성의 핵심, '경험'

엄청난 양의 정보력을 자랑하는 '도서관'을 만들기 위해 면역계가 터득한 전략은 일단 천문학적인 다양성을 만들어놓은 다음, 경험을 통해 학습하면서 필요한 것들을 선택하는 방식이다. 선택된 세포보다 훨씬 많은 세포가 소멸하기 때문에 자칫 낭비로 보일 수도 있겠지만, 이것은 다양한 미생물에 대처하기 위해 자연이 계발한 가장 슬기로운 전략이다. 왜냐하면 세상은 넓지만 면역계는 몸이라는 하나의 물리적 굴레 안에 갇혀 있기 때문이다. 세상에 얼마나 많은 미생물이 존재하는지 알 도리가 없고, 또 그중에 어떤 항원을 지닌 미생물이 몸 안으로 들어올지 알 수 없다. 면역계가 이 극적인 한계를 극복한 것은 몸의 신비이다.

우리 몸에는 비슷한 방식으로 세상에 대처하는 전략이 하나 더 있다. 바로 뇌다. 뇌는 생각하고 행동하게 하는 자아의 중심이다. 아기가 태어나서 어른으로 한 생을 살아가기까지 무수한 사건들을 접하게 되는데, 뇌 역시 두개골이라는 물리적 굴레에 갇혀 있다. 넓은 세상을 살아가는 긴 시간 동안 누구를 만나게 될지, 어떤 일이 벌어질지 미리 알 수는 없다. 그래서 뇌는 면역계와 비슷한 전략을 구사한다. 과잉생산을 통해 모든 경험을 학습할 수 있는 '가능성'을 미리 만든다. 그리고 경험을 통해서 선택한다.

아기가 세상에 태어날 때 이미 뇌세포는 천억 개 이상이다. 아이가 성장하면서 80퍼센트 정도의 뇌세포가 소멸한다. 중요한 것은 뇌세포가 가지고 있는 정보전달의 경로인 시냅스다. 시냅스를 통해 뇌세포들은 정보를 주고받는 회로를 만들고, 이 회로를 통해 뇌는 감각자극으로부터 들어온 정보를 재구성하여 이미지와 느낌, 생각을 만들어낸다. 중요한 것은 시작하는 시기에 이미 다양성이 준비되어 있다는 거다.

성인의 뇌는 200억 개의 신경세포로 이루어져 있고, 이 세포들은 길쭉하게 뻗은 시냅스라는 돌기를 통해 전기화학적 정보교환을 하는 회로를 갖는다. 대뇌피질에만 10억의 100만 배에 달하는 시냅스가 있고, 그 연결경로의 수는 $10^{1000000}$개에 이른다. 실로 우주에서 가장 복잡한 구조다. 우리 뇌는 이 모든 회로를 사용하지는 않는다. 발생 과정과 성장 과정에서 겪는 경험을 통해 자극을 받는 회로는 '선택'받아 강화되고, 장기간 선택받지 못하는 뇌 회로는 '약화'되거나 소멸한다. 역시 선택의 중심에 '경험'이 있다.

건강한 뇌 또는 건강한 면역계를 위해서는 '경험'이 중요하다. 경험은 혼자 하는 것이 아니라 관계 속에서 형성된다. 부모님과 친구들과의 관계, 그리고 자연과의 관계 속에서 형성된다. 면역학적 자아를 '관계론적 자아'라고 하는데, 이것은 우리의 뇌와 인간 본질에도 그대로 적용할 수 있는 정의라고 할 수 있겠다.

건강한 면역계를 위하여

다양성으로 따지자면 세계 최고를 능가하는 엄청난 도서관 두 개가 우리 몸 안에 있다. 면역계와 뇌라는 이 두 시스템은 작은 몸을 가진 인간으로 하여금 넓은 세상에 맞설 수 있도록 했다. 그 능력은 태어나면서부터 주어지는 것이 아니라 다른 사람들, 주변 환경과 교류하면서 얻어지고 성숙해져간다. 세상에 나 홀로 완성되는 것이란 없다는 것이 진리인가 보다.

아이러니하게도 코로나19와 같은 바이러스가 인간 사회에 유행하는 원리도 바이러스가 '관계 의존적'이기 때문이다. 바이러스는 살아 있는 세포 안에서만 살 수 있는 '세포 내 절대 기생체'이다. 바이러스는 생명체와 떨어져서는 살 수 없다. 기침할 때 입에서 튀어나온 바이러스는 빠른 시간 내에 다른 생명체의 입으로 들어가지 않으면 수 시간에서 수일 안에 소멸한다. 이 정도면 거의 '관계 종속적'이라고 해도 될 듯하다.

인간이 '코로나19 바이러스'라고 이름 붙인 이 미생물은 수만 년 이상의 시간을 사는 동안 인간과 접촉하지 않았다. 인간의 면역체계가 한 번도 접해보지 않은 것이다. 면역세포들의 성숙 방법은 대면 수업이지만, 한 번도 얼굴을 맞댄 적 없기 때문에 인간의 면역세포에는 이 미생물을 기억하는 방법이 존재하지 않는다. 그러나 수천억 종류의 다양성을 자랑하는 우리 몸의 도서관 어딘가에는 여기에 대처하는 비법이 있을 것이다. 그래서 감염자의 80퍼센트가 경증이나 무증상인 채로 회복된다.

코로나19 질환을 두고 과학자들이 고개를 갸우뚱하는 데이터가 있다. 아이들이 어른들보다 더 증세가 경미하거나 증상이 없는 채로 회복되는 경우가 많다는 것이다. 이것은 다른 바이러스 질환과는 조금 다른 지점이다. 일반적으로 면역력이 약한 소아나 노인에게서 증세가 더욱 심해지고, 젊은 층에서 증세가 가벼운 것이 일반적인 경향인데 말이다.

추측건대 이는 어린이 도서관 어딘가에는 코로나19에 대한 대책을 담은 책이 여러 권 꽂혀 있기 때문일 것이다. 물론 내가 도서관으로 비유한 적응면역계에 더하여 우리 몸에는 선천면역계도 있고, NK세포라 불리는 면역세포도 있다. 수십만 년 아니 그 이상 수억 년의 시간 동안 형성되어온 우리 몸의 면역계 능력은 한 번도 경험해보지 못한 미생물에게도 대처하는 능력을 겸비하고 있는 것이다.

코로나 바이러스가 어린이나 십대들에게 더 쉽게 감염된다거나 더 치명적이라는 잘못된 정보가 떠돌고 있다. 때문에 지나친 염려 속에 아이들을 과잉보호하는 부모들도 적지 않은 듯하다. 과잉보호는 아이들 몸 속 도서관의 기능을 과소평가하는 것이며, 자칫하면 관계 속에서 성장해야 하는 기회를 놓칠 수도 있다.

소아나 청소년의 경우 코로나19 감염 시 증상도 경미하지만 사망률 또한 성인에 비해 훨씬 낮다. 소아에게서 코로나19와 관련이 의심되는 다기관 염증증후군이 미국과 유럽에서 다수 발생했다고 하지만 발생률이 코로나19에 감염된 얼마 안 되는 소아 중에서도 0.5퍼센트가 채 안 된다. 우리나라에서 보고된 두 건의 환자는 모두 건강하게 회복되었다. 아직은 희귀 사례로 보고되는 정도로 이해하면 될 것이다.

또한 공기를 통해 감염될 수 있다는 정보도 보다 정확하게 이해할 필요가 있다. 공기 매개 감염은 밀폐되고 밀접한 실내 공간 안에서 벌어지는 일이다. 중력의 법칙은 바이러스와 인간 모두에게 공평해서 날개가 없는 바이러스는 입에서 튀어나오는 순간 바닥으로 추락한다. 날개 없는 바이러스 스스로 내 입 안으로 들어올 수가 없다. 대개는 우리 손을 통해 옮겨가므로, 손을 잘 씻는 일이 무엇보다 중요하다.

나는 병원에서 만나는 호흡기 환자들에게 "한적한 공원에서는 마스크를 안 쓰셔도 되니까, 적절한 운동은 하셔야 합니다"라고 말하기도 한다. 마스크 때문에 쉽게 숨이 차는 호흡기 질환자의 경우 운동을 못해서 2차적으로 발생하는 근력 저하나 폐활량 저하가 더 문제이기 때문이다. 한적한 야외에서 공기를 타고 코로나19 바이러스가 우리 몸 안에 들어올 가능성은 거의 없다.

우리는 유례없는 바이러스 대유행의 시기를 겪고 있지만, 어느 때보다도 미생물에 대해 잘 알고 있다. 과학자들은 코로나19 바이러스의 유전자까지 알고 있고, 지난 6개월간의 데이터로 코로나의 증상과 전파력까지도 알고 있으며, 역학조사는 전염이 일어나는 대략의 위치까지 알려준다. 이 모든 것을 토대로 방역 당국은 대책을 세운다.

중요한 것은 앞으로 우리가 견뎌야 하는 대유행의 시간이 일년 이상 남았다는 것이다. 방역 지침을 따르면서도 적절하게 관계를 유지할 수 있는 길을 모색해야 한다. 적은 인원의 소모임을 갖거나, 아이들과 야외활동을 하는 방법 등이 있을 것이다. 바이러스도 조심해야 하지만, 사람과 자연과의 접촉을 유지하고, 감정을 나누고 교감의 경험을 깊고 넓게 만드는 과정 또한 굉장히 중요하다. 그것이 우리 몸에 있는 천문학적 다양성을 가진 '도서관'이 형성되고 유지되는 원리이기 때문이다.

(vol. 132, 2020. 11-12)

3부
그럼에도 연결되기를 바라는

코로나 시대에 친구 사귀기

과연 누가 모일까?

우리 가족은 도시에서 조금 벗어난 시골에서 살다가 둘째의 중학교 입학을 앞두고, 지하철역에서 멀지 않고 음식점과 마트가 근거리에 있는 시내로 이사를 왔다. 친구도 없고 익숙하지 않은 곳이었지만, 전교생이 100명 정도인 작은 학교를 다니던 아이는 한 학년이 10학급 이상인 중학교에 가면 새로운 친구를 사귈 수 있을 거라는 기대를 품고 겨울을 보냈다.

성화숙 _ 캘리그라피로 쓰고 그리고 새기며 예술이 일상이 되는 삶을 살고자 한다. 중1 둘째 아들의 삶을 흥미진진하게 관찰하고 있다.

하지만 개학을 앞두고 코로나19가 확산되면서 입학이 늦어졌고, 개학 후에도 온라인으로 수업을 하다가 3주에 일주일씩 학년별로 돌아가면서 등교를 하게 되었다. 게다가 학교에서도 마스크를 쓰고 있어야 했고, 친구들과 모이거나 대화를 할 수 없는 상황이어서 새로운 친구를 사귀겠다는 영민이의 기대는 꿈같은 일이 되어버렸다.

5월 첫 주, 처음 등교 수업을 하고 돌아온 아이에게 학교에서 무슨 일이 있었는지, 친구랑 말은 해봤는지 묻자 영민이는 "창 쪽에서 세 번째 줄, 앞에서 두 번째 줄에 앉은 친구가 어쩌구…"라며 친구의 이름도 모른 채 교실의 이미지만을 전했다. 친구도 없이 학교생활을 해야 하는 아이를 보니 안쓰러웠다.

학교는 방역을 위해 책상 배열부터 거리를 두었고, 밥도 각자 자기 자리에서만 먹어야 했다. 대화는 애당초 어려웠다. 이미 초등학교 때부터 알던 애들끼리는 마스크를 쓴 채로라도 대화를 나눴지만, 아는 얼굴 하나 없는 영민이는 그런 친구들을 바라볼 뿐이었다. 물론 그 와중에 앞자리에 앉은 친구와 짧은 얘기를 나누기도 했지만, 원하던 관계 맺기는 아니었다.

그렇게 교실 수업과 온라인 수업을 오가는 생활을 하던 어느날, 영민이는 담임 선생님께 전화를 걸어서 "학교 친구들이랑 같이 공부할 수 있는 C 언어 프로그래밍 동아리를 만들고 싶어요"라며 교내 동아리를 만들 수 있는 방법에 대해 문의했다. 중학교에 들어가면 프로그래밍 동아리를 만들겠다고 벼르고 있던 것을 진즉 알고 있었지만 이렇게 적극적일 줄이야. 그런데 지금은 비대면 시대 아닌가. 만나지도 못하는 친구들과 어떻게 동아리를 만들고 어떻게 운영하려나 염려가 되면서도 '얼마나 어울리고 싶으면 저럴까' 싶었다.

담임 선생님은 흔쾌히 동아리 부원을 모집하는 포스터를 만들어 보내보라고 하셨다. 영민이가 엄마의 도움을 받아 동아리의 목적과 활동 내용, 동아리 부원의 자격을 명시한 포스터를 만들어 메일로 보내자 담임 선생님은 학교 홈페이지 게시판에 포스터를 올려주셨다. 매일 한 시간 이상 C 언어 프로그래밍 공부를 해야 한다는 엄격한 조건을 내세웠을 때 내가 "애들이 얼마나 바쁜데, 그게 가능하겠어?"라고 하자 영민이는 단호하게 "그 정도는 해야 돼요!" 했다. 원래 세 시간씩 하고 싶은 걸 한 시간으로 줄인 거란다.

과연 누가 지원할까 싶었는데 공지가 올라오자 놀랍게도 여러 학급에서 무려 여덟 명의 아이들이 신청했다. 아이들이 함께 무언가를 하고 싶다며 모여드는 과정을 옆에서 지켜보면서 사실은 내가 더 설레고 궁금했다. 아이들은 두려움 없이 자신이 하고 싶은 것을 스스로 선택하는 적극적인 모습을 보였다.

비대면 시대, 동아리를 만들다

동아리를 만들 무렵 영민이는 열심히 활동할 친구들만 선발할 거라며 강경한 태도를 보였고, 선발은 서로 궁금한 것을 묻고 답하는 일대일 전화 면접으로 진행됐다. 먼저 여덟 명의 친구들에게 각각 면접 시간을 알려주고서 영민이는 차례대로 전화를 걸었다. 전화기 너머로 서로를 소개한 뒤 아이들은 영민이에게 동아리가 어떻게 운영될지, 무엇을 할지 질문을 해왔다. 전화 면접을 마친 후 어땠는지 묻는 내게 "엄청 긴장해서 질문은 못하고 묻는 말에 대답만 했어요" 하면서도 들뜬 모습을 보였다.

서로 모르는 사이였지만 전화 면접을 마친 아이들은 바로 다음 날 의기투합하여 대면 모임을 가졌다. 드디어 동아리 첫 모임이 이루어진 것이다. 신청한 여덟 명의 아이들은 전원 면접을 통과했고, 그들은 만나자마자 서로가 괴짜임을 알아보았다. 동아리 이름을 '괴짜들의 미친 소리'로 짓고는 급속도로 친해졌다. 오랜만에 마음이 통하고 관심사가 비슷한 친구들을 만나서일까, 영민이는 신이 났다.

아이들과 함께 만든 동아리는 학교 안에서 '1학년 C 언어 프로그래밍' 동아리가 되었고, 동아리 구성원은 그 사이 한 명이 전학을 가서 영민이를 포함해 여덟 명이 되었다. 담당 선생님도 정해졌다. 동아리 지원금도 나온다며 지원금으로 책도 사고 회식도 할 거라고 했다. 코로나19가 없었더라면 컴퓨터실에서 할 수도 있었을 텐데 아쉽게도 동아리 활동은 각자의 집에서 '디스코드'라는 온라인 플랫폼으로 해야 했다. 아이들끼리 공부할 책을 선정하고 한 번 모일 때 공부할 분량을 정한 뒤, 한 주에 두 번씩 진도를 나갔다.

영민이는 초등학교 때 코딩 프로그램과 C 언어를 공부한 적이 있어서 처음 시작하는 친구들을 도와주는 역할을 했다. 첫 공부를 마치고는 "기가 다 빠져나간 것 같아요. 컴퓨터실에서 하면 바로 이해할 수 있는 걸 온라인으로 설명하려니까 이해시키기가 너무 어려워요"라며 어려움을 토로했다. 결국 영민이는 친구들과 의논해 세 명, 네 명으로 조를 나누기로 하고, 매주 각 조에 과제를 제시하고 조원들끼리 문제를 해결하는 방식으로 동아리를 꾸려갔다. 아이들마다 C 언어에 대한 이해의 차이가 있는 데다 수업 난이도를 조절하지 못해서 친구들의 싸늘한 반응을 경험하기도 했다.

"아무래도 가르치는 입장이다 보니까 어떻게 가르치면 좋을지 고민을 많이 했어요. 독학보다는 같이 공부하는 게 좋은데 더 효율적인 방법을 찾기가 어렵더라고요. 그래도 정말 재미있었어요. 친한 친구도 많아졌고요." 그러면서 영민이는 덧붙였다. "동아리는 나를 성장시켜준 공동체이고, 동아리에서 나는 무너지면 안 되는 중심축인 것 같아요."

어려운 C 언어 프로그래밍 공부가 책만 갖고 될까 싶어 도움을 줄 만한 선생님을 찾아보는 것이 어떨까 제안했지만 영민이는 자기들끼리 문제를 해결하고, 함께 공부하는 어려움과 즐거움을 경험해보고 싶다며 단박에 거절했다.

동아리를 만들기 전에는 집에서 온라인 수업을 하고 책을 읽거나 유튜브를 보며 하루를 보냈고 학교에 가도 혼자 지내다 왔는데, 동아리를 만들고 여러 반에 흩어져 있는 동아리 친구들과 그들의 친구까지 알게 되면서 영민이의 관계망은 넓어졌다. 주말에는 아이들과 마스크를 쓰고 만나 동네를 쏘다니며 놀았고, "학교 가는 게 기대가 되고 학교에서도 심심하지가 않아요"라며 괴짜 친구들과 하굣길을 함께 했다. 친구들과의 대면 만남에 대한 기대가 학교생활에 대한 기대로 이어지는 듯했다.

학교를 가지 않는 날에는 '디스코드' 플랫폼에서 친구들을 만나 놀았다. 온라인으로 친구들과 '진실 게임' '당연하지 게임' 등을 하는 영민이의 웃음소리, 여러 친구의 목소리가 방문 너머로 넘실거렸다. 그렇게 거의 매일 아이들은 온라인으로라도 만나서, 직접 만나고 싶은 마음을 해소하는 듯했다.

랜선 너머로 만나는 아이들은 의견을 조율하기 어려울 때도 있었다. 조를 나누는 것을 정할 때에도 "저를 포함해서 다른 친구들은 세 명, 네 명으로 나누는 게 좋다고 했는데, 한 친구가 그냥 다 같이 하는 게 좋다는 거예요. 우리가 그 친구 주장의 문제점과 우리 주장의 장점을 얘기해주었지만, 그 친구가 자기 생각은 변함이 없다고 해서 해결 방법 없이 그냥 흐지부지되었어요"라며 갈등을 해결하기가 쉽지 않음을 토로했다.

3개월가량 동아리 활동을 한 친구들에게 동아리 활동과 친구 관계에 대해 묻자, "가끔 의견이 갈리더라도 싸우지 않고 열정적으로 토론하는 게 좋았다"며 이 구성원 그대로 졸업할 때까지 함께 동아리 활동을 하면서 친하게 지내고 싶단다. "위험하고 힘든 시기에 온라인으로나마 서로의 목소리를 듣고 함께 공부할 수 있어서 좋았다"며 함께 공부하는 즐거움에 대해 이야기하는 친구도 있었다. "코로나가 끝나면 동아리 활동이 아니더라도 따로 모여서 놀고 싶어요" "온라인으로밖에 활동할 수 없었던 것이 아쉬웠어요. 코로나가 잠잠해지면 학교에서 만나 같이 문제도 풀어보고 여러 의견을 공유하고 싶어요"라며 아이들은 온라인 만남의 아쉬움을 풀어놓기도 했다.

코로나 시대에도 할 건 다 한다

아이들의 동아리 활동을 지켜보면서 또 하나 알게 된 사실. 나는 영민이가 이렇게 달달한 남자인 줄 미처 몰랐다. 동아리에서 영민이는 덤으로 여자친구도 사귀게 되었다. 생애 최초로.

한 학년에 한 학급만 있는 초등학교를 다녔던 영민이는 6년 동안 거의 같은 친구들만 만났다. 그 정도면 여학생들과도 말을 주고받을 법한데 졸업할 때까지 여학생들과 말을 나누지 못했을 뿐 아니라 눈도 마주치지 못할 정도로 여학생들을 어려워했다. 동아리 홍보 포스터를 게재하고 나서 같은 반 여학생이 영민이한테 동아리에 대해 물어왔을 때도 당황해서 무뚝뚝하게 대답했던 아이에게 여자친구가 생긴 것이다.

첫 데이트 코스로 산책하기, 빙수 먹기, 게임방 가기 등 계획을 세우고, 입고 나갈 새 옷을 사고(여친은 빛나는데 자신이 대충 차려 입고 나가는 것은 예의가 아니라나), 아주 정성껏 씻었다. 들뜨고 설레어하는 아이를 보는 게 신기했지만, 엄마 입장에서 코로나 시대에 여친을 사귄다는 게 마냥 좋을 수는 없었다. '거리두기를 해야 하는데 손을 잡으면 어쩌지, 손소독제를 들려 보내야 하나, 팥빙수는 따로 먹어야 하는데…' 걱정을 하다가 "첫 데이트를 기념해서 팥빙수는 엄마가 쏠게. 대신 각자 다른 그릇에 먹어야 해"라며 용돈과 당부를 함께 건넸다. 다행히 팥빙수는 그릇에 덜어 따로 먹었다고 한다. 하지만 손은 잡고 다녔다고.

지금 영민이가 가장 두려운 것은 '여친이랑 헤어지게 되는 것'이고 가장 존경하는 사람도 '여친'이란다. 웬일로 수학 문제집을 열심히 푸나 했더니 여친이 추천해준 거라 얼른 풀어야 한다 하고, 책도 여친이 추천해준 거라며 열심히 읽는다. 여친이 아니라 '여신'인 듯하다. 여친에게 편지를 쓴다고 하루 종일 끙끙대고,

여친에게 귀염을 떨고 싶다며 방법을 고민하고, 온라인 플랫폼에서 여친과 거의 매일 랜선 데이트를 한다. 초등학교 때 조금 치다 손을 놓았던 기타도 다시 잡았다. 역시 누군가를 좋아하면 감성 지수가 올라가나 보다. 그야말로 예술이 필요한 때다.

그 나이에 이성 친구를 사귀어본 경험도 없고 연애가 너무 오래전 일이라 중학교 1학년인 아이가 지금 경험하는 감정을 모두 이해하긴 어렵다. 아직 어리기만 한 것 같은데 사랑이니 스킨십이니 하는 말을 하면 풋, 웃음이 나온다. 사귄 지 한 달도 안 지났으면서 '연애할 때 싸우는 건 상대의 말을 잘 안 들어서'라며 연애박사인 척하는 얘기도 그냥 들어준다. 이 모든 경험을 아이가 잘 통과하길 바라는 마음으로.

아이를 응원하며

너무 만나고 싶어 스스로 만들었던 아이들의 첫 동아리 공식 대면 모임은 부모들과 학교로부터 걱정의 말을 들어야 했고, 오프라인 모임은 더 이상 할 수 없게 되었다. 최근 코로나가 다시 심각해지면서 첫 데이트 이후 여친과의 대면 만남도 중단되었다. 친구들과 공원에서 만나 놀지도 못하고, 2학기 개학 후에도 바로 온라인 수업으로 전환되어 친구들을 아예 만날 수 없는 상황이 이어지고 있다.

영민이는 얼른 학교에 가서 친구들을 만나고, 여친이랑 등교도 같이 하고 싶어 한다. 롤러장, 놀이공원에도 같이 가고 여친네 집에 놀러가고 싶단다. 아무리 랜선 너머로 소통을 한다 해도 직접 만나서 눈을 마주치며 얘기를 나누고 함께 쏘다니며 노는 것을 대신할 수는 없을 텐데, 그러지 못하는 지금의 상황을 잘 참아내는 아이가 고맙다. 영민이는 지금 온라인으로 한 친구와 토론대회를 준비하는 중이다. 친구와 한 팀이 되어 주제를 정하고 주제에 대한 의견을 정리하고 있다. 랜선 너머로 들려오는 친구 목소리와 영민이 목소리의 하모니가 경쾌하다.

요즘 영민이를 보면 처음 동아리를 만들 때 세웠던 'C 언어를 공부하겠다'는 목표가 좀 달라진 듯하다. 마치 친구들과 연결되기 위해 동아리 활동을 하는 듯 보인다. 진흙 속에서도 연꽃은 피어나듯 코로나19와 비대면 시대를 뚫고 결성된 동아리는 친구 사귀기의 길을 열어주었다. 이후 어떤 세상이 다가올지 모르지만 어떤 삶이든 아이가 지금처럼 경쾌하고 통쾌하게 친구들과 함께 뚫고 나가길 응원한다. 진심으로.

(vol. 131, 2020. 9-10)

코로나19가 만들어준
밀도 높은 만남

오디세이학교(이하 오디세이)를 시작한 지 6년째를 맞고 있다. 해마다 조금씩 다르긴 하지만, 11월 무렵이 오디세이로서는 가장 호시절이다. 일 년의 교육과정 수료를 한 달 가량 앞둔 이맘때는 '서로 통하는 때'이기 때문이다. 학생과 교사가 통하고, 학생과 학생이 통하고, 학생과 교육과정이 통하고, 교육과정과 교육원리가 통하고…. 통한다고는 했지만 어쩌면 착각이거나 오해일 수도 있다. 그냥 여기서 만난 사람들이 좋고, 헤어지기 싫고, 언제 또 이런 경험을 할 수 있을까 싶은 마음이 만든 열기가 그렇게 생

김경옥 _ 도시형 대안교육 현장인 공간민들레 대표를 맡고 있으며, 서울시교육청과 함께 오디세이민들레도 꾸리고 있다.

각하게 했을 수도 있다.

해마다 11월 즈음에는 3월의 의심, 6월의 어긋남과 불화가 거의 사라지고 서로에 대한 신뢰와 감사의 마음이 그 자리를 차지한다. 이맘때의 신뢰와 감사가 누군가에게는 신기루 같은 것일 수도 있겠지만, 그래도 상관없지 않을까? 교사는 교사대로 이 감각과 기억을 가지고 다음 해를 힘내어 준비하고, 학생은 학생대로 이 기억을 품고서 험한 세상으로 나아갈 신발끈을 묶는다. 보통 11월이나 12월에야 찾아오는 '서로 통하는 때'가 올해는 비교적 빨랐다. 대면 수업이 시작된 1학기 말부터 그런 징조가 보였다. 역설적이게도 이는 코로나19 덕분이라고 생각한다.

배움의 여정을 떠난다는 것

2000년대 초반 민들레출판사를 찾아온 청소년들과 시작한 '민들레사랑방'이라는 탈학교 청소년 커뮤니티는 2006년 1년제 과정의 '공간민들레'로 진화했고, 그 경험은 서울시교육청의 1년제 전환학년제 '오디세이학교'로 이어졌다.[1] 많은 시간이 흐르는

---

1 서울의 고등학교에 적을 둔 1학년생이 일 년을 대안교육 현장에서 보낸 뒤 다시 원적 학교로 돌아갈 수 있게 한 제도. 2015년 서울의 대안교육 현장 세 곳과 서울시교육청이 협력해 독립적인 교실을 열었다. 2020년 현재 공교육 교사들이 꾸려가는 교실 둘을 합쳐 모두 다섯 개의 오디세이학교가 따로 또 같이 꾸려지고 있다.

동안 어려움도 좌절도 있었지만 계속 도전하고 진화할 수 있었던 건, 상황을 진단하고 시대를 읽고 우리가 할 수 있거나 해내야 하는 역할을 동료들과 고민하며 찾아온 덕분이다. 그 와중에 우리는 또 하나의 난관을 만났다. 코로나19 팬데믹. '만남을 통한 변화'를 배움의 중심에 두고 있던 우리에게는 지금까지 헤쳐온 어떤 어려움보다 큰 난관이었다.

올해 1월, 다섯 군데의 오디세이 학생들이 모두 하자센터에 모여 오리엔테이션을 했다. 그러고 나서 다시 서로 얼굴을 보기까지는 꽤 긴 시간이 흘러야 했다. 3월부터 12월까지 빠듯하게 활동해야 겨우 9개월을 함께하는 오디세이 교육과정을 떠올리면 그 시간이 줄어든다는 것만으로도 염려가 컸다. 기존의 교육과정을 제대로 실행하지 못하는 것은 물론 절대적으로 함께하는 시간이 줄어드는 것이 큰 구멍으로 여겨졌다. 이런 우려와 걱정을 안고 그래도 도전해보기로 했다.

교사들끼리 공유한 첫 번째 질문은 '오디세이 교육에서 우리가 꼭 이뤄야 할 것, 그래서 반드시 해야 할 것은 무엇일까?'였다. 당연히 여행이나 프로젝트가 목표는 아니었다. 우리가 해내야 하는 것은 '스스로 서서 서로를 살리는 사람으로 성장하기 위해 배우고 경험하도록 돕는 일'이다. 거기에서 이어지는 질문은 '그렇다면 우리는 이 목표를 이루기 위해 무엇을 어떻게 할 수 있을까?'였다.

시실 '비대면 교육활동'은 우리가 원해서 채택한 것이 아니라 강제로 채택당한 것이다. '준비되지 않은 미래가 강제로 와버린 것', 이것은 비단 교육영역에만 국한되지 않아, 사회 각 분야의 많은 사람들이 이에 대한 고민을 시작한 걸로 알고 있다. 그래서 인류는 비약적인 혁신을 하게 될 거라는 기대도 있다. 언제나처럼 인간은 시련과 어려움을 통해 성장해왔으니까.

두 번째 질문에 대한 또렷한 답은 없다. 다만 우리는 여느 때와 마찬가지로 함께 최선을 다해 답을 찾을 뿐이다. 생각해보면 오디세이교육 또는 우리가 지향하는 교육의 핵심이 바로 이것이 아닐까 싶다. 답을 가르쳐주는 것이 아니라, 함께 문제를 발견하고 그 문제를 풀기 위해 최선을 다하기. 그것만이 우리를 주체적으로 만들고 성장하게 하는 '진짜 배움의 여정'이 아닐까?

전환을 위한 책 읽기

3월 개학이 미뤄지고, 다른 해였으면 제주도로 '전환여행'이란 걸 갔을 무렵이었다. 하지만 여행은 고사하고 서로 만날 수도 없는 그런 상황이었다.

민들레의 전환여행은 일 년간 진행될 교육의 출발로서 매우 중요한 교육활동이다. 일 년을 '기승전결'의 흐름으로 구조화할 때 3~4월은 '기起'의 단계로, 학생들이 새로운 배움에 마음을 열고 '나도 해볼래' 하며 배움의 출발선에 설 수 있도록 돕는 활동이 주를 이룬다. 그중 백미가 2주간의 전환여행이다. 하지만 코로나 팬데믹으로 여행은 엄두도 못내는 상황이니, '전환'이 어떻게 가능할지 교사들과 함께 고민했다. 우선 우리는 같이 책을 읽기로 했다. 책을 읽되 지금까지 경험해보지 못한 방식의 '전환을 위한 책 읽기'를 시도했다.

먼저 두 권의 책을 선정했다. 헤르만 헤세의 『수레바퀴 아래서』와 트리나 폴러스의 『꽃들에게 희망을』. 이 두 권을 우편으로 아이들에게 보냈다. 요즘 아이들에겐 낯선 옛날 책이지만 생각의 전환, 무엇보다 교육이나 배움에 대한 인식의 전환에 필요한 메시지를 전하기에는 적합한 책이라고 생각했다.

'전환을 위한 책 읽기'의 두 번째 장치는 '찾아가는 책 읽기'였다. 우편으로 책을 보내고 열흘 정도 지나서였다. 아이들의 주소지를 두고 도보로 만날 수 있는 거리에 사는 아이들끼리 모아봤다. 그렇게 해서 서너 명씩 조를 만들고, 걸어서 만날 수 있는 모임 장소를 찾았다. 그러고는 그곳으로 교사들이 가서 아이들을 만났다. 코로나19 상황에서 방역에 만전을 기하면서도 우리가 할 수 있는 안전한 만남의 시도였다. 대중교통을 이용하지 않고, 밀접·밀폐·밀집을 피할 수 있는 공간에서 소수의 사람들이 모여 독서토론하기!

『수레바퀴 아래서』는 무려 100년 전의 책인데, 아이들은 입을 모아 지금 우리 이야기 같다고 했다. 2020년에 열일곱 살의 인생을 살고 있는 아이들과 1900년대 초반에 열일곱 살이던 '한스'라는 소년이 처한 상황이 본질적으로 다르지 않았던 셈이다. 아이들은 보수적이고 경쟁적인 학교와 인간관계가 주는 억압 속에서 괴로워하는 주인공의 고통에 공감했다. 그러면서 지금 우리도 수레바퀴 아래에서 괴로워하지만 말고 거기서 나오기 위해 앞으로 일 년 동안 무엇을 할 수 있을지 생각하기 시작했다.

아이들은 자기 이름으로 온 우편봉투를 열어 거기에 든 책을 읽고, 가까운 동네까지 찾아온 교사와 또래 친구들과 함께 '교육과 배움에 대해, 도전에 대해' 대화하는 시간을 가지면서, '뭔지는 잘 모르겠지만 지금까지와는 다른 시간이 열리겠구나' 하는 느낌을 가졌다고 했다. 아이들은 전환여행을 못 간 것을 두고두고 아쉬워했지만, 그럼에도 이전과는 다른 배움과 교사와의 관계를 통해 뭔가 조금씩 '전환'의 느낌을 받은 듯하다.

돌아가는 길처럼 보이지만

'전환을 위한 책 읽기'를 하고서도 한참 지나 4월에야 개학을 맞이했지만, 6월에 이르기까지 거의 온라인으로만 만났고, 아주 드물게 얼굴을 봤다. 가능하면 쌍방향 소통이 이루어지도록 토론거리를 마련해 대화하고, 한 명도 빠짐없이 자기 생각을 나누고,

집에서 각자 할 수 있는 개인 프로젝트를 완수해서 온라인 발표회를 열기도 했다. 보호자들과 교육적 맥락을 공유하기 위해 편지를 보내고, 온라인 부모모임을 열었다. 하지만 온라인만으로 오디세이 교육을 제대로 경험하기에는 턱없이 부족한 게 많았다.

학생들 중에는 "이러려고 오디세이에 온 건 아니다" 하면서 불만을 표시하는 이도 더러 있었다. 그럼에도 아이들은 '서로를 인정하는' 태도나 문화를 두고 '나를 믿고 기다려준다' '나를 함부로 평가하고 판단하지 않는다' '교사는 나를 돕는 사람이라는 생각이 든다'고 표현했다. 학생들의 이런 느낌은 교사와 학생 사이의 신뢰 관계를 만드는 특효약이다. 교사나 아이들의 이런 태도나 문화가 어떻게 가능할까.

여러 가지 이유가 있겠지만 가장 중요한 것은 각자의 상태나 상황을 인정하고 기다려줄 수 있는 특유의 문화가 아닐까 싶다. 고1 학력 인정을 위한 '보통교과' 중 국어, 사회는 상대평가를 해서 등급을 매기고 나이스에 기록도 하지만, 학생들에게 압박감을 주지는 않는 듯하다. 이른바 보통교과 성적으로 줄 세우지도 않고 점수 올리라고 닦달하지도 않는다. 처음에는 이 설정이 낯설고 의심스럽기도 하지만 서너 달 생활하고 나면 어느새 그 분위기에 젖어든다.

이 상황은 대학 입시에서 한 걸음 물러난 듯 보여 어떤 이에게는 불안감을 주기도 한다. 오디세이를 경험한 이들의 만족도가 높은 데도 지원자가 밀려들지 않는 것은 대학 입시와 멀어 보이는 오디세이의 위치가 불안해서일 것이다. 그런데 오디세이를 다녀간 아이들 중에는 "돌아가는 길처럼 보였는데, 나중에 보니 지름길이었다"고 하는 아이도 있다. 천천히 가지만 제 길을 가도록 돕고 있는 셈이다.

모두 연결되어 있다

올 한 해, 코로나 팬데믹은 사람들을 흩어지게 만들었지만, 역설적으로 우리는 서로 얼굴 보고 만나는 시간이 얼마나 소중한지를 절감했다. 오디세이학교도 크게 다르지 않았다. 온라인으로 만나다 직접 오프라인에서 만나게 되자 관계는 급속도로 가까워졌다. 서로가 소중하고, 이 만남이 귀한 것이라는 것을 모두 잘 아는 듯했다.

6월 들어서는 대면 교육을 시작했다. 짧지만 강렬한 1학기를 보내고 2학기는 온전히 대면 교육을 할 수 있기를 기대했지만 광복절 집회의 영향으로 개학이 미뤄져 9월 중순에야 다시 만날 수 있었다. 다른 해에 비해 만나는 시간이 짧아 아쉬움이 있었지만 그 밀도는 다른 해를 능가했다. 물리적으로는 짧은 시간이었지만 훨씬 긴 시간을 함께한 것 같다. 시간에 대한 우리의 감각은 '밀도'가 좌우한다.

한 해의 마무리가 가까운 이즈음, 정독도서관 3층 오디세이교실에 들어설 때면 조금 특별한 느낌이 든다. 모두들 따로따로 뭔가를 하고 있는데도 다 같이 연결되어 있는 것처럼 보인다. 교사들과 아이들, 아이들과 아이들 사이 이렇게 짧은 시간에 이런 그물망이 만들어진 데는 코로나도 한몫한 것이 아닌가 싶어 새삼 삶의 역설을 깨닫게 된다.

(vol. 132, 2020. 11-12)

이 시대를 살아가는 시민으로서 부모의 역할

온라인 개학과 등교 개학

3월, 첫 등교일이 미뤄지는 '사건' 이후 아이들은 개학을 기다렸다. '학교 가기 싫다'를 입에 달고 살았던 아이들이다. 2주씩 미뤄지는 개학을 기다릴 때만 해도 온라인 수업이나 부분 등교가 일상이 될 것을 전혀 예상하지 못했다. '곧 학교에 가겠지, 그러면 모든 생활이 예전처럼 돌아갈 거야, 그랬으면 좋겠다.' 아이들과 우리 부부는 불안함을 서로 다독이며 그 시간을 때우듯이 지

이현주 _ 두 아들과 함께 살면서 서울 세곡동에서 '냇물아흘러흘러'라는 교육문화 공간을 남편과 함께 운영하고 있다.

냈다. 그러나 예정되었던 개학이 한 번, 두 번, 세 번 계속 미뤄지면서 차츰 이 상황이 어떻게 흐를지 모르겠구나 싶었다.

그럴 때쯤, 교육부는 더 이상 '아이들의 학습 공백을 방치할 수 없다'고 판단해 온라인 개학을 강행했다. 재난 시절을 함께 지나간다는 공통의 느낌이 작동했던 것인지 이런저런 우려에도 온라인 개학 절차를 아이들은 아이들대로, 양육자는 양육자대로 서툴지만 열심히 따라갔다. 처음 한 주는 우왕좌왕했다. 초등학교 6학년인 큰아이는 e-학습터에 접속하는 것부터 쩔쩔맸고 접속시간이 출석체크가 되는 것도 몰라서 며칠 동안 선생님의 연락을 받아야 했다. 2학년 둘째는 EBS 실시간 방송을 봐야 하는데 지난 방송을 들으면서 시간을 채우면 되는 줄 알고 며칠을 그렇게 보내기도 했다. 나중에야 잘못된 걸 알고 정해진 시간에 방송을 보면서 학교에서 준 활동자료도 따라갈 수 있었다.

그 사이에서 양육자의 역할은 선생님을 대신해 아이들이 온라인 학습에 참여할 수 있게 돕고, 선생님의 메시지를 전달하는 것이었다. 온라인 너머 선생님은 아이를 돌보는 양육자에게 많이 의존할 수밖에 없는 구조였다. 일정 시간이 지나니 아이들은 온라인 학습 체계에 점차 익숙해졌는데, 그러면서도 "이런 건 학교에서 애들이랑 같이 해야 재미있는데…" 하며 아쉬워했다.

그러다 등교 개학이 발표되었다. 학년별로 나눠서 일주일에 두 번 등교한다는 내용이었다. 아이들은 그 정도 소식에도 설레어 했다. 그러면서도 긴장하는 모습이 역력했다. 매일 달라진 소식이 없는지 물었고, 덴탈 마스크를 써야 하는지 방역 마스크를 써야 하는지 걱정했다. 이번에는 정말 학교에 가는 게 맞느냐고 재차 물었다. 그동안 해왔던 숙제와 새로 가져가야 할 준비물을 여러 번 챙기기도 했다. 그동안 코로나19 바이러스가 우리 공동체 활동을 얼마나 제한했는지 직접 경험했기 때문일 것이다. 등교를 함께 준비하는 우리도 마찬가지였다. 두 아이에게 "교실에서 마스크 벗으면 안 돼. 친구들 손잡고 어깨동무하는 것도 안 돼. 물건 같이 쓰는 것도 안 돼. 그래야 친구들도 너희도 안전한 거야." 몇 번이고 당부했다.

큰아이보다 2학년인 둘째가 먼저 등교했다. 아이가 등교하던 날의 마음을 오래 잊을 수 없을 것 같다. 아이가 혼자 가도 되는 길이건만 굳이 손을 잡고 학교 앞까지 간 걸 보면 아마 나도 어지간히 긴장하고 걱정했나 보다. 아이들을 정말 학교에 보내도 되는 건지, 선생님들은 얼마나 걱정하고 있을지 온갖 생각에 마음이 복잡했다. 그런데 학교 앞에서 나 같은 엄마들이 아이들 등을 두드리며 교문 안으로 들여보내는 모습을 보고 그만 눈물이 쏟아졌다. 한편으로는 그동안 의료진의 희생으로 이만큼이나마 바이러스 전염을 막았던 것처럼 선생님들의 희생을 앞세워 새로운 시도를 하고 있다는 생각에 눈물이 그치지 않았다.

게다가 1학년들은 그날이 입학식이었다. 초등학교에 처음 가는 날이니 아이들은 긴장했고 보호자들은 아이들을 학교로 들여보낸 후에도 발걸음을 쉽게 돌리지 못했다. 그런 속에서도 아이들은 싱그러웠다. 마스크를 썼는데도 상기된 표정이 엿보였고 온몸이 그야말로 새싹 같았다. 아이들의 등교를 위해 선생님들은 교문 앞에서 발열 체크를 하고 1미터씩 간격을 두고 들여보내는 수고를 하고 계셨다. 집에 돌아와서도 흐르는 눈물을 주체할 수 없었는데, 아마도 그제야 우리가 보내고 있는 시절의 의미를 실감할 수 있어 그랬겠구나 짐작할 뿐이다. 한 번도 경험해보지 않은 '재난의 시절'에 대한 막연했던 두려움의 단면을 기어코 들여다본 기분이었다. '아이들의 일상이던 학교 가는 일을 이토록 비장하게 만든 것은 도대체 무엇인가'라는 질문이 자꾸 떠올라 좀처럼 마음을 진정할 수가 없었다.

아이들의 달라진 일상

7월 초, 지금도 온라인 수업이 주를 이루고 등교 수업은 아이들이 온라인 수업을 얼마만큼 따라가고 있는지 확인하는 정도로 이뤄지고 있다. 이 과정에서 점점 벌어지는 아이들 사이의 격차가 큰 걱정거리다. 온라인 학습을 할 환경이 마땅치 않고 미디어 도구를 잘 사용하지 못하는 아이들은 과제를 제때 못 내거나 아예 못하기도 한다. 일방적인 전달로 끝나는 시청 방식의 온라인 수업도 문제다. 그러니 개별 학생들의 이해력 차이를 어떻게 좁힐 수 있을까.

또 일정한 시간에 일어나 씻고 밥 먹고 학교에 가서 낯선 이들과 부딪히면서 배우고, 다시 집으로 돌아와 하루를 정리하는 일상적인 생활 돌봄의 격차도 점점 커지고 있다. 균형 잡힌 식사가 중요한 성장기 아이들이 끼니를 거르거나 정크푸드에 노출되는 경우도 늘고 있다. 교육뿐 아니라 급식 등 아이들 생활을 챙기는 일도 그동안 학교와 양육자가 함께해왔다. 집보다 학교에 더 의지해왔던 아이들도 있다. 한부모 가정이어서 양육자가 일하러 간 사이에 병원도 혼자 가고 밥도 스스로 챙겨야 하는 경우나, 여러 사정으로 조부모와 사는 아이 중에는 온라인 학습은커녕 밥 대신 과자만 먹으면서 늦게 자고 늦게 일어나는 경우도 있다.

이런 생활교육은 직접 만나는 어른들이 아이들과 부대끼면서 해야 하는 일이라 온라인으로 할 수 없다. 그동안 학교 공간에서 이루어지던 무형의 것들이 보이기 시작했다. 아이들은 주양육자 외에 다양한 어른들을 만나서 '자기와 타인'의 '공통점'과 '경계'를 배운다. 교육의 과정 안에는 이러한 '인간다움'을 향한 여정이 다양한 방식으로 녹아 있다. 기술적인 교과 내용과 함께 '민주시민 역량을 위한 교육'이 학교생활 곳곳에 있었다.

일주일에 한 번을 가든 날마다 가든 학교 구성원들이 생각해 봐야 할 것이, '대면 수업에서 무엇을 중요하게 여기는가'가 아닐까. 지금의 등교 수업에선 아이들이 과목별 목표를 얼마나 효과적으로 성취하고 있느냐를 파악하는 데 대부분의 시간을 보내고 있다. 아이들이 공동체 구성원으로서 연결감을 회복하고 공통의 문제를 어떻게 풀어가고 있는지 함께 논의하는 것보다 학습목표에 도달하는 것이 더 중요한지 자꾸 묻게 된다.

'냇물아흘러흘러'라는 공간을 운영하면서 초등학생이나 중학생들, 성인 여성들과 만난 지 5년째다. 어른들도 만나면 한 주 동안 하 수상한 시절을 어떻게 보냈는지 하소연하고 서로 위로하고 위로받는 데 많은 시간이 든다. 더구나 아이들은 학교를 가지 못하면서 또래를 만날 기회가 거의 차단됐다. 그러니 일주일 중에 또래를 만날 수 있는 그 기회에 다른 친구들은 학교에 안 가는 시간들을 어떻게 보내고 있는지 궁금하지 않겠는가. 마스크를 쓰고라도 한 시간쯤은 '지난 한 주를 어떻게 보냈는지' 이야기를 나누면서, 이해하기 힘든 시간을 통과하는 그들의 마음을 누군가는 들어줘야 하지 않을까. 들어주는 상대가 또래라면 다음 한 주를 조금은 더 잘 지내고 싶은 마음이 들지 않을까. 일주일에 한두 번의 짧은 대면 수업은 서로의 생활을 돌보면서 그 격차를 줄이는 일에 써야 하지 않을까?

우리 아이들을 비롯한 여러 아이들은 학교를 못 가게 되면서 '친구를 만날 수 없는 것'을 가장 아쉬워했다. 친한 친구를 만나고 싶고 새로운 친구도 사귀고 싶은데 그럴 수 없는 상황이 가장 속상했나 보다. 등교 개학을 하자마자 아이들은 집에 돌아와 누구누구를 만났는지, 어떤 새로운 친구를 사귀었는지 그 소식부터 전했다. 전화 통화로만 이야기 나눴던 담임 선생님을 직접 만난 이야기도 신나게 했다. 한 번의 등교 이후 한 교실에 스무 명도 많다고 한 반의 등교 일을 다시 요일별로 나누자 "그러면 학교에 가도 못 만나는 반 친구들이 있다는 거야?" 하면서 아쉬워하는 아이를 보면서 놀랐다. 그동안 교실 안에서의 관계가 아이들에게 주는 피로감이 더 클 거라고 생각했는데 아이들은 관계에 대한 기대가 더 컸다. 또래를 만나지 못하는 동안 느낄 고독감과 소외감은 아마 이 시절이 지난 뒤에 어떤 비용을 들여도 메우기 어렵지 않을까 싶다.

연결감을 강화하는 관계 맺기

'코로나19라는 재난 앞에서 우리가 함께 해결해야 할 문제는 무엇인가?' '왜 우리는 이런 재난 한복판에 놓이게 되었는가?' 곳곳에서 서로에게 질문하고 해결의 방향을 도모하는 이야기판이 벌어지면 좋겠다. 아이와 양육자가 이야기를 나누고, 그걸 바탕으로 학교에서 또래가 만나 다시 이야기하고, 그 논의가 아이들과 양육자들 사이에서 함께 다뤄져야 재난의 시절을 무기력하게만 보내지 않을 수 있을 것이다.

이를 통해 우리는 앞으로 또 겪을지도 모를 재난의 시절을 대비할 수도 있겠다. 전문가들은 '코로나19 재난'이 이례적이지 않을 거라고 예측한다. 코로나 팬데믹으로 차별받는 곳들이 명료하게 드러나서 '차별금지법'에 대한 동의 의견이 높아졌다고도 한다. '코로나 역설'이라고 했다. 어쩌면 우리는 온라인 학습이라는 도구로 비대면의 시간을 확보하는 동안 인간 문명 전체에 대한 반성을 거쳐야 하는지도 모르겠다.

가만히 둬도 벌어지는 격차를 조금이라도 줄일 수 있는 방법은 내 눈에 보이는 아이들과 조금씩 관계를 맺는 것이라고, 나는 냇물에 오는 한 친구에게 배웠다. 작년부터 냇물을 찾아오던 초등학생 친구다. 양말에 구멍이 나 있기도 했고 밥을 잘 못 챙겨 먹는다는 이야기를 동네 김밥집 사장님에게 듣기도 했다. 하루는 같이 다니는 친구가 마스크가 없어서 다른 데를 못 간다며, 마스크 하나만 줄 수 있느냐고 물어보기에 냉큼 꺼내주고, 가끔 아무렇지 않게 양말을 따로 사서 건네기도 했다.

그러다 요즘 밥은 어떻게 먹는지 걱정이 되어서 올 때마다 초코파이나 계란 같은 것을 먹고 가라고 했다('냇물아흘러흘러'는 공간 한켠에 간식과 음료를 마련해 카페를 운영하고 있다). 그러던 어느 날 "왜 자꾸 이런 거 주세요? 이러니까 거지 같잖아요" 했다. "그런 거 아니거든!" 해놓고서도 노심초사하다가 문득 깨달았다. 그 친구는 알고 있었던 것이다. 관계 맺는다는 것은 무언가 주고 마는 것이 아니라 서로의 안부를 묻고 상대가 필요로 할 때까지 기다려주는 것이라고. 좀 뜨끔했다. 게으른 방식으로 내 마음의 짐만 덜어내려 한 것을 들킨 것 같아서였다. 서로 돌본다는 것은 우정을 쌓는 일이라는 것을 다시 기억해냈다.

코로나19로 인한 교육의 변화로 아이와 부모, 교사 모두 온라인 학습에 대한 부담을 먼저 떠올릴 것이다. 한 번도 해보지 않은 방법으로 구성원으로서의 자기를 증명하고 있는 셈인데, 이게 만만치 않다. 하지만 온라인 학습은 삶을 살아가는 데 유용한 도구나 기술 가운데 하나일 뿐, 목표가 될 수는 없다. 온라인이라는 기술의 활용도 결국 '대면의 시간을 얼마나 알차게 보낼 것인가'와 연결되어 있다. 온라인 학습은 공동의 프로젝트를 해결하는 파트너로 얼마나 잘 소통할 수 있는가를 훈련하는 도구 중 하나다. 이는 '시민의 자질'과도 맞닿아 있다.

살아오면서 공동체와의 일체감을 이토록 강렬하게 느껴본 적이 있을까. 온라인 학습으로 또래 생활을 대체하고 있는 어린 친구들이 경험할 관계의 손실을 줄이는 데 작은 손이나마 보탤 수 있다면 그게 무엇이든 해볼 일이다. 어린 친구들이 이 세계의 구성원이라는 감각을 놓치지 않도록. 그것이 내가 수행해야 할 시민으로서 부모의 역할이라 생각한다.

(vol. 130, 2020. 7-8)

교사와 아이들,
온오프를 넘나들며 관계 맺기

학교, 문을 닫다

대부분의 초등학교에선 2월 중순쯤 새 담임을 발표한다. 코로나19가 창궐하기 전, 나는 5학년 담임이 되어 스물여섯 명의 명단을 받았다. 새로 배정된 교실을 청소하고 칠판에는 새로 만나게 될 아이들을 환영하는 문구를 출력해서 붙였다. 아이들 책상 위에도 저마다 이름을 붙여주었다. 해마다 하던 일이다. 낯선 학교에 와서 뭔가를 배우려 애쓸 아이들을 향한 격려와 존경의 표

송주현 _ 29년차 초등학교 교사. 아이들이 성장하는 모습을 관찰해 블로그에 올리고 있다. 『나는 일학년 담임입니다』, 『학부모 상담기록부』라는 책을 썼다.

현이랄까.

그날 저녁 뉴스에 노란색 옷을 입은 방역 전문가가 나왔다. 이번 바이러스는 유독 전염성이 높으며, 중국에선 벌써 사람들이 죽어간다고 했다. 며칠 뒤엔 대구의 한 종교단체에서 확진자가 늘고 있다는 소식이 들려왔다. 10년 전 신종플루가 떠올랐다. 아침마다 교문에 길게 늘어선 아이들 앞을 체온계를 든 교사들이 막아섰다. 사람들이 많이 모이면 안 되었기 때문에 운동회와 학예회는 취소되었다. 하지만 그리 오래지 않아 치료약이 개발되었고 학교는 빠르게 원래 자리로 돌아갔다. 메르스 때도 마찬가지였다. 사람들이 죽고 언론에서 매일 요란하게 겁을 줬지만 내가 근무하던 고장에서는 환자가 발생하지 않았다.

코로나19 이전으로 돌아갈 수 없다는 말을 들었을 때만 해도 '그동안 몇 차례 바이러스가 지나가지 않았나? 이번에도 좀 번지다 말겠지' 했다. 본격적으로 사태의 심각함을 느낀 것은 교육부 장관이 개학을 연기하면서였다. 학교 문을 못 연다고? 그 정도로 심각한 거였어?

더 나은 방법을 찾을 수 있을까

결국 새 학기는 온라인 학습으로 시작됐다. 어떻게든 개학을 하려면 먼저 교과서를 나눠주어야 한다. 교사들끼리 고민하던 중에, 아이별로 교과서와 학습꾸러미(과제 인쇄물)를 묶어 집으로 갖다 주면 어떻겠느냐는 의견이 나왔다. 자연스럽게 아이들 집도 알 수 있고 얼굴도 볼 수 있지 않겠냐면서. 아직 만나지 못한 우리 반 아이들이 어떻게 견디고 있을지 궁금했기 때문에 나는 이 의견이 마음에 들었다. 그러나 전체회의에서 이 안은 논란이 되었다. 만약에 한 아이라도 감염되면 뒷감당을 어떻게 할 것인가. 바로 결정을 못 내리고 방역 전문가의 의견을 기다리던 중 인근 학교에서 교사들이 교과서를 직접 집으로 배달했다는 소식이 들려왔다. 그리고 다음 날엔 그 학교 학부모가 지역 맘카페에 문제를 제기했다는 소식이 들렸다. 아이들 집을 일일이 방문하는 교사가 코로나19에 감염되면 모든 아이들이 위험에 빠지는 것 아니냐고.

결국, 우리 학교는 '드라이브 스루' 방식을 선택했다. 마스크를 쓰고 손 소독을 한 뒤 교과서를 포장해서 운동장에 쌓아놓고는, 차를 타고 찾아온 학부모를 맞았다. 최대한 접촉을 피하려고 학년마다 날짜도 다르게 했다. 우리 반 아이 중 두 명이 엄마 차를 타고 같이 왔다. "선생님께 인사해야지" 엄마가 말하자 뒷좌석에 있던 아이가 작은 목소리로 인사를 건넸다. 얼굴 대부분을 마스크로 가려 눈만 겨우 마주칠 수 있었다. 나도 인사를 해주고 싶었지만 혹시라도 비말이 전해질까봐 조금 떨어진 채 아이에게 손만 흔들었다. "아이가 선생님을 너무 궁금해해서요"라고 엄마가 대신 말했다. 보이지 않는 바이러스 때문에 아이와 내가 전혀 다른 세계에 존재하는 느낌이 들었다.

우여곡절 끝에 시작된 첫 온라인 수업은 어리숙한 담임과 생소한 환경에 처한 학생들의 헤맴 속에서 치러졌다. 어떤 아이들은 회원 가입 자체를 못했다. 전화로 설명을 하다하다 안 되어 결국 내가 아이디와 비밀번호를 만들어서 문자로 보내줬다. 접속하고 나서도 수업을 듣지 못하는 아이들에겐 직접 전화를 걸었다. 스물여섯 명의 아이들은 모르는 게 있을 때마다 내게 전화를 걸었다.

그렇게 오후 수업이 끝나고 단체채팅방의 아이들에게 소감을 물었다. 대부분은 재밌었다고 했다. 수업이 안 될 줄 알았는데 이렇게라도 진행되는 것이 신기하다고 했다. 선생님 영상을 보니 마치 학교에 와 있는 거 같다는 아이도 있었다. 아이들이 오히려 나를 위로하고 있다는 생각이 들었다. 일부러 좋은 말을 해주는 아이들이 새삼 고맙게 느껴졌다. 아이들 특유의 밝음과 긍정의 기운은 어떤 상황에서도 살아 있구나!

그러나 아이들의 수업이 정착되어 가는 와중에, 학부모들의 걱정은 늘었다. 아이들이 컴퓨터와 스마트폰을 무제한으로 쓰게 되니 동영상 시청이나 게임 시간도 늘어난다는 걱정이 제일 많았다. 그럴 때마다 아이들과의 단체채팅방에 부모님들의 걱정을 올렸다. 힘들어하기는 아이들도 마찬가지였다. 집에 있으니 엄마 잔소리가 늘었다며 어서 학교 가고 싶다는 글이 올라왔고, 몇 시간 뒤에는 엄마 눈을 피해 게임 화면을 감추는 방법이 올라왔다. 학부모 중에는 아이가 컴퓨터 앞에 앉아 있지 않고 자꾸 돌아다닌다고, 어떻게 좀 해달라는 분도 있었지만 내가 할 수 있는 건 아이에게 전화를 걸어서 지금 잘 보고 있는지 확인하고 격려하는 것뿐이었다. 아이는 열심히 하겠다고 했지만, 약속은 오래가지 못했다.

할 수 없이 아이들에게 거짓말을 했다. 너희들이 언제 접속해서 얼마 동안 학습하고 있는지, 컴퓨터 앞에 얼마나 바르게 앉아 있는지 선생님이 교실에서 다 볼 수 있다고. 아이들이 학교에 나오는 상황이라면 할 필요 없는 고민이었다. 아이들은 대개 어떤 문제든 마주 앉아 눈을 바라보며 솔직하게 이야기하면 수긍한다. 그런데 온라인에선 눈빛을 주고받을 수 없으니, 아이들에게 이런 거짓말까지 하게 되어 답답했다.

간혹 접속을 안 하거나, 접속을 해도 잠시 머무르다 나가는 아이에겐 전화를 걸었다. 놀고 있거나 잠을 자는 경우가 많았다. 아이들은 대체로 고분고분했고 겸손한 반응을 보였다. 얼굴을 보지 못한 채 목소리만 들으니 내가 어려워서 그랬을 것이다. 어렵다 싶은 문제는 풀지 않는 아이들도 늘어났다. 혼자 하다 보니 쉽게 포기하게 되는 모양이었다. 이럴 때 협동학습, 모둠활동을 적절히 넣으면 공부가 쉽고 재미있어진다. 사회성 기르기는 덤이다.

만나지 못하는 상황에서는 그럴 때마다 따로 숙제를 냈다. 주로 글을 올리는 사람은 나였다. 내용도 지시 위주였다.

대화를 유도해보려고 이런저런 질문을 올려도 아이들은 '네, 아니오'처럼 간단한 답을 '예의 바르게' 올릴 뿐이었다. 비록 단체채팅방이지만 교실에 있을 때처럼 아이들이 명랑하게 소통하길 바란 게 무리였다. 만나보지도 못한 교사, 놀아보지 못한 친구들을 처음 만나는 개학날의 긴장되고 어색한 분위기가 이어졌다.

표정을 읽을 수 없는 교실 속에서

온라인 수업을 시작한 지 한 달쯤 지났을 때 등교 수업이 결정되었다. 우리 학교는 여섯 개 학년을 둘로 나눠 일주일씩 돌아가며 등교했다. 책상을 최대한 거리를 두어 배치했다. 사물함과 책꽂이, 신발장, 학습 준비물 정리함을 모두 벽 쪽으로 돌려놓고 사용금지라는 푯말을 붙여놓았다. 복도에 손 소독제를 두고 쉬는 시간도 10분에서 5분으로 줄였다. 시간을 많이 주면 아이들이 가까이에서 놀 수 있어서였다.

온라인으로 소통한 지 꽤 오랜 시간이 지났지만 역시나, 첫날은 경직된 분위기였다. 이삼 일 정도 지나자 아이들은 빠른 속도로 가까워지기 시작했다. 얼굴을 가린 마스크와 거리를 뗀 책상은 전혀 '거리두기'의 도구가 되지 못했다. 아이들은 틈만 나면 어울리려고 했는데 그럴 때마다 내가 가로막았다. "선생님은 너희들이 바이러스에 걸리지 않도록 신경을 써야 한다"며 협박을 했다.

그러나 이런 협박도 며칠 지나자 소용없었다. 아이들은 가까이 붙어서 속닥대며 이야기를 나눴고, 어떤 아이는 어깨동무를 하고 팔짱을 꼈다. 그나마 어느 정도 말을 알아듣는 5학년들이라 이 정도였지 저학년 아이들은 교사가 보지 않을 때 수시로 함께 뒹굴었다. 만약 우리 학교에서 확진자라도 나온다면 감염병이 퍼지는 건 순식간일 거란 생각이 들었다. 이대로는 안 된다고 교사들이 입을 모았지만, 그렇다고 교육부의 등교 지침을 어길 수도 없었다. 자기 교실에서 첫 확진자가 나올까봐 교사들은 전전긍긍했다.

아이들이 북적이긴 했지만 예년처럼 즐거운 분위기의 수업시간이 만들어지진 않았다. 마스크를 쓰고 있어서 서로의 표정을 읽을 수 없었기 때문이다. 일부러 재미있는 이야기를 해도 아이들에게 잘 전달되지 않았다. 마스크 안에 갇혀 목소리가 멀리 닿지 못했다. 아이들도 자기 생각을 제대로 말할 수 없었다. 선생님 말이 잘 들리지 않는다며 짜증을 내는 아이들이 늘었고, 에어컨 온도를 23도까지 낮춰도 덥다, 답답하다며 투덜거렸다. 사소한 감정 다툼도 잦아졌다.

학교는 나와 다른 사람 사이에 생기는 갈등을 이해하고 예방

하거나 해결하는 방법을 몸으로 익혀야 하는 곳이다. 그러려면 우선 자신을 드러낼 수 있어야 하는데, 서로의 표정을 가리는 마스크는 생각보다 높은 장벽이었다. 아이들이 서로 부대끼며 소통할 수 없다면 학교라는 공간이 무슨 소용인가.

한 학기를 마치고

8월 18일. 드디어 1학기를 마치고 12일간의 여름방학에 들어갔다. 한 학기 내내 숨죽이며 걱정했던 감염은 다행히 없었다. 비록 등교한 날들은 얼마 되지 않았지만 신기하게도 아이들은 특유의 친화력으로 끈끈해졌다. 온라인과 등교를 병행하면 아이들 관계가 무너질 거라는 예측은 빗나갔다. 단 며칠의 시간만 주어져도 아이들은 새로운 친구들과 익숙하게 농담을 주고받았고 깔깔거렸다. 다만 내향적이거나 자신을 쉽게 드러내지 않는 아이들은 여전히 어색해했다. 그런 아이들에게 유일하면서도 강력한 처방인 '시간'의 부족 때문이다. 결국 바이러스 감염 가능성이 아이들에게 끼치는 가장 큰 두려움은 '충분한 시간을 주지 못해 관계를 성기게 만드는 것'인 셈이다.

학교는 공부만 하는 곳이 아니다. 돌봄, 놀이, 친구와의 갈등과 화해, 급식이 '교육'이라는 이름으로 이루어지는 곳이다. 코로나바이러스가 이 고리를 모두 끊었다. 그러나 가상의 공간과 현실을 넘나들면서도 아이들은 잘 자라고 있다. 한 아이가 담임인 나를 뺀 채 단체채팅방을 만들었고 아이들은 그쪽으로 몰려갔다. 그 안에서 아이들은 인기투표를 하거나 놀이 약속을 하기도 하고, 가끔 다투거나 누군가를 놀려댔다. 그러다 문제가 생기면 아이들 중 누군가가 내게 알려줬고 난 학급 채팅방에 잔소리를 올리고, 당사자와 채팅으로 상담을 하고, 학부모에게도 도움을 청했다.

온라인 학습을 하다가 이해가 안 가는 것을 한 아이가 질문하면 다른 아이가 해결책을 제시했다. 더 나아가 검색을 해서 그럴 듯한 답을 올리는 아이도 나왔고 점차 시간이 지나면서 논의는 더욱 활발해졌다. 어떤 아이가 분수의 덧셈에 대한 온라인 수업을 보고도 이해가 안 된다는 문자를 올리면 자세한 해설이 있는 영상을 친구들이 검색해서 알려주는 식이었다. 아이들 나름의 학습방식인 셈이었는데, 교사인 나보다 좋은 정보를 찾아내는 일도 있었다. 방식은 달라졌지만 이런 모습은 결국 코로나19 이전의 교실에서와 같은 모습이다. 나보다 더 빠른 속도로 아이들은 공간을 자유로이 이동하며 자라는 듯했다. 어떤 환경에서든 살아남은 인류의 힘인지 모른다.

2학기엔 전체 등교가 가능할 거라는 기대와 달리 코로나19 상황은 계속되고 있다. 교사들은 더 힘들어졌지만, 아이들은 또 나름의 적응력으로 성장할 것이다. 온라인 수업이 장기화될수록 아이들 사이에 학력 차이가 커지면서 여러 문제가 생겼지만, 이보다 걱정되는 건 아이들의 정신 건강이다. 갈등 관리 능력, 분노와 우울감 관리 능력, 자존감 신장, 정체성 만들기… 또래와 만나 '부대낌'을 겪어야 키울 수 있는 것들이 있기 때문이다.

모든 사람을 잠재적 바이러스 전파자로 상정하고 관계를 통제하는 시간이 길어지면서 아이들은 서로를 경계했고, 초기에 바이러스 전파의 원인이 되었던 종교단체에 대한 혐오가 아이들 사이에서 대화 소재가 되었다. 그 교회 근처에 사는 아이는 이유 없이 놀림을 받기도 했다. 최근에는 교회에 다니는 사람과 보수 집회 참석 이후 바이러스 매개가 된 노인 세대 이야기까지, 어른들에게 들은 내용을 이것저것 자기들 대화 속에 담아낸다.

비대면 상황에서 세상을 바라보는 눈을 어떻게 길러줄 수 있을까. 앞으로는 이 부분을 더 고민해보려고 한다.

(vol. 131, 2020. 9-10)

4부
재난사회와 교육의 전환

우리는 서로의 환경이다

낯선 일상

중국에서 시작된 돌림병 하나로 전 세계가 패닉 상태다. 일상은 멈추었고 그 자리에 공포와 혼란이 들어찼다. 백신도 없는 감염병을 피하기 위해 새롭게 시도되는 사회의 질서와 규칙들은 낯설기만 하다. 힘들 때면 '함께 모여' 서로를 위로하고 지혜를 찾으면서 어려움을 극복해온 이전과는 전혀 다른 방식이다.

이른바 '재난의 시대'다. 유엔에선 재난을 "사회의 기본조직 및 정상 기능을 와해시키는 모든 사건"이라 규정한다. 감염의 위

장희숙 _ 격월간 『민들레』 편집장.

험으로 그동안 당연하게 여겼던 일상의 많은 일들이 이제는 간절한 소망이 되었다. 연쇄 불황으로 누구는 일자리를 잃고 누구는 과노동으로 목숨을 잃는다. 무엇보다 서로를 병균 보듯 피해 다니며, 옷깃이라도 스칠라치면 흠칫하는 이 기이한 현실이 재난의 시대가 아니라면 달리 설명할 도리가 없다.

현대인들은 모래알처럼 흩어져 있는 줄 알았는데, '사회적 거리두기'라는 이상한 말을 통해 우리가 생각보다 사회적 존재로 살아왔음을 확인하고 있다. 모이고 싶고, 어울리고 싶고, 같이 밥 먹고 싶고, 얼굴 마주보며 대화하고 싶어 하는 존재들임을. 정신 없이 흘러오던 삶의 속도를 강제로 늦추고 나니, 익숙한 것들이 생경하게 보인다.

재난은 평등하지 않다

예기치 못한 듯 세계는 당황하고 있지만 실은 예견된 일이다. 사스, 메르스에 이어 꼬박꼬박 새로운 돌림병이 찾아오고 있다. 코로나19가 전염성은 높고 치사율이 낮은 이유는 바이러스가 진화하고 있기 때문이란다. 바이러스 입장에서 숙주로 삼은 감염자가 죽어버리면 자신의 생존 가능성도 낮아지므로 감염자를 오래 살려두면서 더 널리 후손을 퍼뜨린다는 것이다. 초기 증상이 감기와 크게 다르지 않다거나, 무증상 감염자가 나오는 등 사람들을 헷갈리게 하는 것도 생존을 위한 바이러스의 위장술이다.

연이어 발생하는 신종 코로나는 기후위기와 밀접한 관련이 있다. 자연이 파괴되고 서식지를 잃은 동물들의 생활 영역이 인간과 가까워지면서, 인수공통 바이러스가 더 쉽게 전해지게 되었다. 낮은 온도에서 활동하던 세균들이 깨어나고 있는 것도 문제다. 일 년 내내 얼어 있던 캐나다 북쪽의 영구 동토층이 지구온난화로 여름철이면 질퍽해지는데, 2014년 이곳에서 발견된 700년 전 순록의 배설물에서 새로운 바이러스가 나왔다고 한다. 과학자들은 남극과 북극의 빙하가 녹으면 여태 보지 못한 또 다른 바이러스가 출현할 것을 우려하고 있다. 우리가 맞닥뜨린 이 재난은 천재가 아니고 인재다.

재난은 누구에게나 닥치지만 그 크기가 동일하진 않다. 코로나19로 온 국민이 운신의 자유를 잃었지만 정원이 딸린 넓은 집에 사는 사람과 두세 평 남짓한 고시원이나 쪽방촌에 사는 사람의 갑갑함은 천지 차이다. 후자의 경우 자가격리 조치라도 내려진다면 그 일상은 감금이나 다름없다.[1] 밀린 월세로 폐업을 고민하는 소상공인들과 사회적 거리두기 조치로 재택근무를 하게 된 대기업 사원이 체감하는 코로나19 시국은 다를 수밖에 없다. 그

---

[1] 박근혜 전 대통령이 수감되어 있는 독방의 크기는 약 10.57㎡(3.2평)이며, 서울 신림동의 월 30만 원 고시원 독실의 경우 4.3㎡(1.3평)이다.

간 인류가 경험한 재난당 사망자 수에서 가장 중요한 요소는 '가난'이며, (…) 평상시에 가장 배려받지 못하는 사람들이 재난 시에도 가장 큰 고통을 당할 가능성이 많다.[2]

교육 분야에서도 불평등의 격차가 드러나고 있다. 지난 7~8월에 걸쳐 교육부에서 실시한 설문조사에서 전국 초중고 교사 5만여 명 중 응답자의 80퍼센트가 '학생간의 학습격차가 커졌다'고 답했다. 재난 와중에 치러진 모의고사에서는 중위권이 줄어들고 하위권 학생이 대폭 늘어난 것이 확인되고 있다. 궁여지책으로 도입된 온라인 학습을 위한 장비와 환경은 물론, 이 낯선 방식을 도울 수 있는 보호자가 곁에 있는가 여부에 따라 학습의 질이 달라진다. 단순한 학력 차이가 문제가 아니다. 이 현상은 이후의 여러 상황에서 아이들에게 영향을 줄 것이다. 집에 머무르는 시간이 길어진 아이들의 먹고, 입고, 자는 평범한 일상 또한 가정환경에 따라 격차가 벌어지는 것은 더욱 큰 문제다.

이런 문제를 해결하기 위해선 사회 시스템의 변화가 궁극의 방법이지만, 그에 앞서 우리가 기댈 수 있는 것은 사회구성원들의 자발적인 '시민성'이다. 마스크 대란을 겪던 팬데믹 초기, 온라인 쇼핑몰의 마스크를 싹쓸이할 수 있는 반복 자동화 프로그램(매크로)를 개발해 판매한 이가 경찰에 붙잡혔다. 감염 위험을 무

---

2 존 C 머터 씀, 장상미 옮김, 『재난 불평등』, 동녁.

릅쓰고 일하는 의료진들조차 마스크를 구하지 못해 애를 먹는 공동체의 위기를 그는 돈벌이 기회로 보았다.

한편, 정확한 정보가 없어 다들 우왕좌왕하던 시기에 코로나 앱을 만들어 무료 배포한 사람도 있다. 정부보다 더 발 빠르게 확진자의 동선과 선별 진료소 위치를 공유해 불안한 시민들에게 많은 도움을 주었다. 프로그램 개발이라는 같은 기술을 이렇게 다르게 쓰는 데는 개인의 도덕성 차이도 있지만, 더욱 중요한 것은 시민성의 차이다. 시민성은 '타인에게 감응하는 능력'이며 '자기의 이익을 자제하는 힘'이다. 이 힘은 자신이 연결되어 있는 존재임을 확인할 때 발휘된다. 재난의 시대는 무엇보다 새로운 시민성이 필요한 시기이다.

아이들에게 정말 필요한 배움은 뭘까

새로 배워야 할 것이 점점 많아지는 감염병 유행 시대에, 배울 수 있는 곳은 점점 줄어들고 있다. 아이들은 2020년을 어떻게 기억할까? 학교 안 가서 좋았다거나, 심심해서 학교에 가고 싶었다거나, 밖에 나가 놀지 못해서 답답했다거나…. 이대로라면 훗날 '한 달 넘게 개학이 연기됐던 사건' 또는 '수시로 방학을 했던 시기' 정도로 기억될 가능성이 크다. 그렇게 흘려보낼 수 있는 에피소드라면 얼마나 좋을까. 새로운 재앙은 언제든 인류를 급습할 테고, 낯선 두려움 속에 보내는 시간은 점점 길어질 것이다.

코로나19는 단순한 돌림병이 아니다. 발 딛은 오늘을 이해하고 바라는 미래를 만들기 위해 배워야 할 하나의 '사건'이다. 삶과 멀어진 교육에 대한 반작용으로 최근 교육 현장에서는 몸으로 배우는 교육의 물꼬가 트였지만, 여전히 교육은 아이들 눈앞에 닥친 세계의 거대한 변화를 제대로 가르치지 못하고 있다. 재난의 시대를 살아갈 아이들에게 정말 필요한 공부는 '지금'을 배우는 일이 아닐까? 재난이 자연적인 사건일 뿐만 아니라 경제적, 정치적 속성을 갖고 있다는 점을 깨닫는 것이 중요하다. 정말 우리가 준비해야 할 것은 코로나 이후 태풍처럼 우리를 강타할 불평등과 격차의 사회다.

코로나19에는 인종차별과 혐오의 문제, 소득 불평등과 비정규직 문제까지 이 시대의 숙제가 고스란히 드러난다. 마스크 대란은 디지털 기술과 윤리를, 신천지 사태는 인간의 신념과 종교의 가치를 되묻게 한다. 재난기본소득은 미래의 노동, 기본소득과 연결된다. '방콕'하며 사회적 거리두기를 하는 게 문제 해결의 본질이 아님을 깨닫는 것이 살아 있는 교육, 삶을 위한 교육이며 몸으로 배우는 교육일 것이다.

전국의 학교는 일 년 내내 수업 일수 맞추기에 급급하다. 일주일에 한두 번 가는 학교에선 서로의 안부를 물을 여유도 없이, 평가와 진도 맞추기에 허덕이고 있다. 오늘날 우리가 경험하고 있는 팬데믹이 천재지변에 맞먹는 재난이라면 이 위급한 상황에 필요한 교육, 이 재난을 딛고 한걸음 나아갈 수 있는 미래를 준비하는 교육을 해야 한다.

따로 시간을 내기 어렵다면 형식뿐이던 민주시민교육, 인성교육, 인권교육, 안전교육 같은 공교육 안의 의무교육과정을 활용해보면 어떨까. 기말고사 끝나면 시간 때우느라 영화만 틀어주던 시간에 '코로나19에 담긴 세상'을 공부하는 게 아이들 인생에 훨씬 도움이 될 것이다. 공교육만으로 어렵다면 대안학교가, 마을학교가, 시민사회가 나서야 한다. 재난에서 배울 것을 제대로 배워야 시민이 된다.

지난 과오를 되풀이하지 않기 위해 고통스러운 세월호 참사를 가슴에 품고 살아가는 것처럼, 오늘의 재난은 내일을 바꾸는 무엇이 되어야 한다. 그 변화는 '무지의 세계를 제대로 알아가는 것'에서 시작할 것이며, 그 과정은 '함께'일 수밖에 없다. "우리가 사회적 몸을 무엇으로 여기기로 선택하든, 우리는 서로의 환경"[3]이기 때문이다.

(vol. 128, 2020. 3-4)

---

3 율라 비스 씀, 김명남 옮김, 『면역에 관하여』, 열린책들.

변화는 주변에서부터

기후위기에 눈뜨기까지

2019년 11월, 소통협력공간의 씨앗사업 커먼즈필드제주에서 '우리 아이들은 어떤 세상을 살아갈까?'라는 주제로 8회에 걸쳐 인문학 강연을 열었다. 인공지능시대에 무엇을 어떻게 준비해야 할지 이야기를 들을 수 있을 거라 기대했는데, 그보다 시급한 문제가 있다는 것을 알게 되었다.

'인공지능시대, 인간을 묻다'라는 강연에서 경희대 비교문화

곽진아 _ 제주에서 세 아이와 홈스쿨링 아닌 언스쿨링을 하며 재미있는 일들을 궁리하며 지낸다. 세상에는 관심 갖고 공부할 것들이 많다는 것에 감탄하며 하루하루 배우며 살고 있다.

연구소 김재인 교수는 인공지능에 대한 두려움보다 당장 우리 앞에 닥친 기후위기가 더 앞선 문제라고, 예상치 못한 말을 했다. '원자력과 석유 없는 세상 만들기' 강연에서 강양구 지식큐레이터 또한 기후위기의 심각성과 에너지 전환 문제의 시급함을 호소했다.

'십대가 벌이는 지속가능한 사회운동'에서 이야기를 들려준 제주녹색당 공동운영위원장 고은영 씨는 우연히 제주를 방문했다가 기후위기 상황을 알게 되었고 이 문제를 널리 알리기 위해 제주에 머물며 정당 활동을 시작했다고 한다. 고은영 씨는 가장 먼저 기후위기를 맞닥뜨린 제주도가 특별재난지역으로 지정되어야 한다고 강조했다. 공동 강연자인 기후활동가 김보림 씨는 지난해 청소년들과 함께 광화문 광장에서 세 차례 '기후위기를 위한 결석 시위'를 주도했고, 서울시교육청에 '멸종위기종 청소년들의 요구'를 제출했다. 5월에는 청소년 원고인단을 모집해 기후위기를 방치하고 있는 국가를 대상으로 기후소송을 했다.

여러 강연에서 기후위기 문제에 대해 반복적으로 들으면서 나 자신이 미래시대는커녕 현재도 전혀 읽어내지 못하고 있다는 것을 알았다. 무엇이 문제인지 인지하게 되었고 신인류에게 어떤 사회활동이 필요한지에 대해서도 그제야 생각해보게 되었다.

강연에서 본 영상1을 참고해 다른 영상2들도 찾아보았다. 기후위기의 징후로 세계 곳곳에서는 엄청난 재난이 일어나고 있었다.

2016년 한 해 동안만 해도 중국에서는 초강력 태풍으로 846명이
부상을 당했고, 미국 캘리포니아에서는 초대형 산불로 국가 비상
사태가 선포되었다. 인도에서는 최악의 홍수로 156명이 사망했
고, 중동에선 체감 온도가 무려 60도까지 상승하는 등 기상이변
으로 인한 재난이 끊이지 않았다. 산업화 이후 이산화탄소 배출
로 지구온난화가 가속화되고 있다는 것을 알고 있었지만 기후변
화를 걱정하는 전문가들의 말은 기업인들이나 정책 입안자들의
경제논리에 묻혔고, 그로 인해 오늘날 '기후변화'를 넘어선 '기후
위기'를 마주하게 되었다.

제주에 자리를 잡은 2년 동안 언스쿨링을 하며 세 아이와 곳곳
을 누비고 다녔다. 용머리 해안을 다녀오면서도 어떤 문제가 있
는지는 알지 못했다. 제주도 용머리 해안 산책로는 최근 물에 자
주 잠겨 통행을 통제하는 일이 잦아지고 있다고 한다. 처음 만들
어진 1987년만 해도 그런 일이 없었는데, 30여 년 동안 평균 해
수면이 30센티미터 이상 상승했기 때문이다.

작년에 큰딸은 한라산 백록담에 올랐을 때 하얗게 말라죽은
나무들을 보았다고 했다. 그러나 왜 그런지는 알지 못했다. 나중
에서야 구상나무들이 이상고온으로 말라죽었다는 사실을 알고

---

1 유튜브, 〈과학자들이 아무리 말해도 당신이 현실 부정하는 10년 후 팩트〉.
2 유튜브, 〈기후변화, 어떻게 하면 되냐고요?〉, 〈과학자가 말하는 기후변화 VS 미세먼
지〉, EBS, 〈기후변화, 돌이킬 수 없는 재앙인가〉 1부.

나서 고사 현장을 확인하기 위해 다시 백록담을 찾아갔다. 백록담에 가까워질수록 구상나무 군락은 정말 앙상하게 메말라 죽어있었다. 심지어 눈이 쌓여 있었는데도 구상나무에게는 너무 높은 기온이라는 말이다. 눈앞에서 목격한 기후위기의 쓰라린 현장이었다.

그동안 나와 아이들은 아름다워 보이는 표면적인 제주만을 만나고 있었다. 나뿐만 아니라 제주에 사는 대부분의 사람들도 그 사실을 잘 모르고 있다. 이런 일들이 왜 언론을 통해 알려지지 않는지 답답했다. 알았다고 해도 당장 내가 할 수 있는 일이 없다는 것도. 인간은 왜 자기 자신과 모두에게 재난이 될 수 있는 행동을 멈추지 않는 것일까?

커먼즈필드제주 인문학 강연에서 누군가는 시대의 문제를 먼저 읽고 새로운 변화를 주도하며 변화를 위한 행동을 '생산'해내고 있다는 것을 알았다. 그들과 다르게 나는 대량생산된 세상의 편리함을 소비하는 인간 무리 중 한 사람일 뿐이었구나 하는 자책감이 들었다. 잘 만들어진 세상에서 어떤 문제가 있는지 인식하지도 못한 채 소비자의 정체성으로만 살아온 것이다.

'십대가 벌이는 지속가능한 사회운동' 강연 이후 이어진 토론에서 청소년들의 움직임이 '운동'으로 기록되어야 한다는 말을 들으며 '생산'한다는 것의 새로운 의미를 찾게 됐다. 대량생산과 대량소비의 자본주의 경제논리로 생겨난 인간과 자연의 문제를 풀기 위해서는 다른 의미의 생산이 필요하다는 것. 서로를 살릴 수 있는 활동을 '생산'해야 한다는 것을 알게 되었다.

우리 아이들은 어떤 세상을 살아갈까

대부분의 부모들은 앞으로 다가올 AI 시대의 교육, 그리고 사라질 직업, 아이들의 취업 문제를 고민한다. 나 또한 그랬다. 그러나 이번 강연을 통해 '나처럼 아직 잘 모르고 있는 사람들에게 기후위기의 현실을 알리자'라는 생각이 불현듯 들었다. 아이들과 기후위기 캠페인을 시작해야겠다는 결심이 섰고 집으로 돌아가는 차 안에서 아이들에게 의견을 물었다. 세 아이는 이미 바다 쓰레기로 작품을 만드는 비치코밍 프로그램을 통해 지구의 환경오염 문제가 심각하다는 것을 알고 있었고 오히려 내가 몰랐던 정보도 말해주었다.

"엄마, 남극에 사는 사람 뇌에서 미세 플라스틱이 나왔대."

"거북이 코에 빨대가 들어가서 거북이가 죽었대."

"세상에, 얼마나 아팠을까."

집에 돌아와 아이들과 기후위기와 관련된 영상들[3]을 찾아서 함께 봤다. 전 세계의 바다, 숲, 사막, 초원, 열대우림, 극지방 등

---

3 세계자연기금WWF과 넷플릭스가 공동 작업한 다큐멘터리 〈우리의 지구Our Planet〉.

곳곳에서 먹이와 서식지를 잃어 고통 받고 있는 동물들…. 여러 개의 영상을 보고 지구에 대해 걱정이 커진 아이들은 밤 늦도록 그림을 그리고 색칠하며 '기후위기 1.5' 피켓을 만들었다.

함께 강연을 듣고 기후위기의 심각성을 공감한 다른 가족들도 캠페인에 동참하기로 했다. 세 살부터 열한 살까지, 여덟 명의 아이들은 기후위기 관련 동영상을 보고 나서 커다란 재활용 박스에 '기후위기 비상행동 1.5'라고 써서 피켓을 멋지게 만들었다. 아직 글씨를 쓰지 못하는 아이들은 자동차에서 매연을 내뿜는 그림을 그렸다. 아이들 솜씨만으로도 제법 그럴싸한 피켓이 여러 개 마련되었다. 어른들이 시키지 않았는데도 자신들이 살아갈 미래를 위해 아이들끼리 스스로 행동하는 모습이 인상 깊었다.

아이들이 준비한 피켓을 들고 2019년 12월 17일, 첫 캠페인을 했다. 결석 시위를 주도했던 청소년들이 스스로를 '멸종위기종'이라고 부르는 말이 와닿아 우리 캠페인도 '멸종위기어린이 기후위기비상행동'이라고 이름붙였다. 인문학 강연이 아이들과 함께하는 사회활동으로 이어진다는 소식에 커먼즈필드제주 씨앗그룹 팀에서도 네 분이 동참해 모두 열다섯 명이 모였다. 제주 구도심에서 출발해 동문시장을 행진하며 "기후위기 1.5!"라고 구호를 외쳤다. 처음 해보는 것이기도 하고, 평소 앞에 나서는 성격이 아니라서 어색하고 부끄러워 목소리가 작았다. 하지만 시민들의 반응은 생각보다 적극적이었다. 아이들에게 "너희들 멋있다"며 관심을 갖고 호응을 해주시는 분, '1.5'라는 숫자가 뭔지 묻는 분도 있었다. 1.5는 지구 생태계가 회복될 수 있는 마지막 남은 온도라고, 그 이상 온도가 더 올라가면 회복할 수 없다고 아이들이 설명해드렸다.

지난 3월, 제주항 국제여객터미널에서 캠페인을 할 때였다. 코로나19 때문에 사람들은 모두 마스크를 쓰고 있었고 주변은 너무나도 고요했다. 시끄럽게 떠들면 눈총을 받을까 싶어서 침묵 행진을 하려고 했는데, 캠페인을 준비하는 사이 몇몇 분이 관심을 갖고 다가와 피켓 문구를 소리 내어 읽어보셨다. 그런 작은 공감 덕분에 조심스러웠던 목소리는 점점 커졌고 자신감이 생겨 원래 계획보다 한 바퀴 더 행진할 수 있었다.

더 자신 있게! 신나게!

기후위기 대응을 요구하며 결석 시위를 주도했던 청소년 네 명과 기후활동가 김보림 씨의 요청으로 문화인류학자 조한혜정 교수, 전 국립기상원장인 조천호 박사와의 좌담회가 제주에서 있었다. 우리 팀도 이 자리에 참석하게 되었다. 청소년 활동가들은 한라산의 구상나무 군락지, 월동 무와 노지 감귤 작황 피해지, 해수면이 상승한 용머리 해안 등 기후변화로 인한 피해 현장을 답사하고 피해 당사자들의 이야기를 직접 들어보기 위해 제주를 방문했다고 한다. 이곳에 살고 있는 우리보다 제주에 어떤 문제가 있는지 더 잘 알고 있었고, 게다가 결석을 하면서까지 앞장서서 지구 공동의 문제에 대응하고 있는 청소년들을 직접 만나자 가만히 있었던 어른으로서 너무나 부끄럽고 미안했다.

나는 청소년들에게 어떻게 하면 우리 캠페인을 잘 진행할 수 있을지 의견을 물었다. 피켓 문구에 자기만의 메시지를 잘 담아내고, 지속성을 위해서는 당위로 접근하기보다 '재미있게 하는 것'이 중요하다는 말에, 우리도 '위기'라는 단어에 경직되지 말아야지 싶었다. 이날 청소년 활동가에게 "기후위기 대응하자!" 4분의 2박자 구호를 배운 뒤로는 더 재미있고 자신 있게 캠페인을 하게 되었다. 가장 나이가 많은 두 아이들이 피켓을 들고 선두에 나서면 나머지 동생들도 덩달아 신나게 구호를 외치며 따라갔다. 오히려 어른들이 아이들을 뒤따랐다.

우리 동네에는 어린이환경수비대가 있다. 마을 주민들의 자발적 지원으로 만들어진 이 순수한 환경교육 활동에는 10여 명의 동네 아이들이 함께했다. 우리집 두 아이도 2년 동안 환경수비대로 활동하며 지구와 환경에 관심을 갖게 되었고, 이 활동은 나중에 기후위기 캠페인을 하는 데도 큰 도움이 되었다. 어린이환경수비대는 한 달에 두 번 마을청소를 하고 환경공부를 꾸준히 하며, 서울에 에코투어를 다녀오기도 했다. 올해 열두 살인 큰아이는 《꿈나무 푸른교실》이라는 어린이 환경교육 온라인 플랫폼의 환경기자단이 되어 매달 환경 관련 기사를 두 개씩 쓰고 있다. 우리 가족은 올해 처음으로 기후변화 대응을 위한 지구촌 전등 끄기Earth Hour 캠페인에 동참하며 아이들과 함께 집 안의 불을 다 끄고 촛불을 켰다. 4월 22일에는 지구 환경오염 문제의 심각성을 알리기 위한 지구의 날Earth Day4 소등 행사에도 동참했다.

기후위기가 바꾼 우리의 삶

사실 전 지구적 차원의 거대한 문제 앞에서 작은 개인의 역할이 얼마나 영향을 미칠 수 있을지 의문이 드는 것도 사실이다. 누구나 그레타 툰베리가 될 수는 없다. 그렇지만 변화는 개별 주체들의 합에서부터 시작될 수 있다는 것을 믿는다. 지구온난화, 기후위기의 주범인 이산화탄소, 메탄가스를 어떻게 줄일 수 있을까? 미약하더라도 우리 집에서 무엇을 할 수 있을지 아이들과 이야기 나눴을 때, 가장 근본적으로는 소비를 줄이는 것이 필요해 보였다. 우리 아이들은 지인들에게 옷, 신발, 책, 장난감, 생활용품 등 많은 것을 물려받아서 사용하고 있다. 식재료 외에 물건을 구매하는 것은 거의 없는 편이다(단, 남편은 예외다). 내가 그릇을

---

4 지구촌 전등 끄기(Earth Hour)는 세계자연기금이 2007년부터 시행한 환경운동으로 매년 3월 넷째 주 토요일 오후 8시 30분부터 9시 30분까지 진행된다.

많이 깨트려 그릇이 부족해져서 요즘엔 재활용쓰레기 수거함에서 쓸 만한 밥그릇, 국그릇, 컵을 주워 와서 사용하고 있다. 아이들은 이웃들에게 "우리는 그릇 안 사도 돼. 쓰레기장에서 주워오면 되거든" 하며 자랑 아닌 자랑을 한다.

장을 보고 요리를 할 때마다 느끼지만 음식 한두 가지를 만드는 데 비닐, 스티로폼, 플라스틱 쓰레기가 얼마나 많이 나오는지 깜짝깜짝 놀란다. 우리 집에서 나오는 쓰레기도 이만큼이나 되는데 전 세계의 사람들이 배출하는 쓰레기는 과연 얼마나 많을까. 우리가 얼마나 많은 쓰레기를 배출하고 있는지 쓰레기를 버릴 때마다 의식하며 제로 웨이스트Zero Waste까지는 아니더라도 적게 쓰고 적게 먹으며 쓰레기를 덜어내려고 노력 중이다. 나는 육식보다는 채식을 선호하지만 "꼬기!"를 외치며 헤헤 웃는 둘째와 남편이 있으니 고기를 아예 안 먹을 수는 없다. 그래도 고기와 우유, 유제품을 덜 먹기로 했고 그로 인해 축산으로 배출되는 이산화탄소나 메탄가스가 조금이라도 줄어들기를 바랄 뿐이다.

봄이 왔지만 아직 우리 집 실내 온도는 낮에도 15도로 추운 편이다. 그래도 난방을 틀기보다는 옷을 껴입고 땀이 나도록 운동을 한다. 햇빛이 들지 않는 집보다 오히려 따뜻한 마당에 텐트를 치고 그 안에서 책을 읽기도 한다. 외출할 때는 텀블러에 물과 차를 담아가고, 되도록 외식을 줄이려고 도시락을 싸가지고 다닌다. 장볼 때는 장바구니를 사용하고, 빨래가 귀찮긴 하지만 면생

리대 사용 횟수를 늘리고 있다. 산이나 바다에 놀러갔을 때는 눈에 띄는 쓰레기를 주워 오려고 한다. 백록담에 갔을 때도 쓰레기 봉투에 쓰레기를 담으며 내려왔다(놀랍게도 담배꽁초를 여러 개 주웠다).

큰딸이 내게 바다에 쓰레기 섬이 다섯 개나 된다는 사실을 알려주었다. 그 규모가 한반도의 7배에 이른다고 한다. 그 어마어마한 양도 문제지만 쓰레기장에서 배출되는 각종 유해가스도 지구온난화를 촉진하고 있다. 많은 양의 재활용쓰레기가 분리배출이 제대로 안 되어 그냥 폐기된다고 한다. 그 말을 듣고는 이전에는 귀찮아서 그냥 버렸던 플라스틱의 내용물을 다 씻어내고 라벨을 벗기고 뚜껑을 분리해서 배출하고 있다.

아이들도 실천을 함께하고 있다. 공동육아어린이집을 다니면서부터 아이들은 재활용품으로 뭔가를 만드는 데 익숙하다. 특히 는 큰딸은 바다 쓰레기나 나무를 활용해 뭔가 만드는 걸 좋아하고 재활용품으로 새활용, 업싸이클링을 하고 있다. 심지어 택배 박스로 침대를 만들어 그 위에서 잠을 자기도 한다. 둘째 딸은 안 입는 옷이나 양말로 인형 옷을 만들고, 언니가 재활용 박스로 만들어준 집에서 인형놀이하는 걸 좋아한다. 일곱 살 막내아들은 우주에서 태양열과 태양광을 이용하여 전기를 만들어 지구로 보내는 비행선을 그리고, 그림을 설명하는 동영상을 만들어 온라인에 올렸다. 올봄에 남편은 자동차 검사에서 매연 배출량 초과로

재검사를 받아야 했던 열여덟 살 사랑이(아이들이 지은 우리 차 이름)를 떠나보내고 전기차로 바꿨다. 나는 편리한 기계를 좋아하는 남편을 설득해 빨래건조기 구매를 포기하게 만들었다. 우리 가족은 각자 나름의 방식으로 자신이 할 수 있는 만큼 지구를 생각하고 있다. 아직도 '나는 무엇을 실천하고 있는가'에 대해서는 계속 의구심이 들지만, 지구를 위한 작은 마음과 행동을 꾸준히 '생산'해 나갈 것이다.

작은 변화를 위한 움직임

제주를 찾은 여행객들에게 아름다운 제주를 즐기기만 할 것이 아니라 우리가 발 딛고 숨 쉬는 지구를 함께 지키는 움직임이 필요하다는 것을 알리고 싶었다. 2020년 1월 1일 서귀포 중문 색달해변에서 열린 펭귄수영대회 현장에서는 아빠들도 함께 "남극 펭귄을 구해주세요!" "기후위기 CO_2!" 구호를 외치며 재미있게 행진을 했다. 추운 겨울이었지만 여행객이 있을 법한 돌문화공원, 사려니숲, 금능해수욕장 등에서도 게릴라 식으로 캠페인을 했다. 지금은 코로나19로 모임이 어려워지면서 개인적으로 할 수 있는 방법을 고민해보다가 손바닥 크기의 피켓을 만들어 제주 관광지를 해시태그하여 기후위기를 알리는 포켓 캠페인을 하는 중이다.

조한혜정 교수의 말처럼 변화는 주변에 있는 소수에서부터 일어날 것이라고 믿는다. 조천호 박사는 인류는 절박한 상황에서 전혀 다른 세상을 꿈꾸었듯이 기후위기를 통해서 새로운 세계를 꿈꾸는 방향으로 가자고, 어떤 면에서는 이 일을 긍정적으로 경쾌하게 받아들일 필요가 있다고 말한다. 개인의 움직임이 당장 큰 변화를 일으키지는 못하겠지만, 제주에서 우리는 작은 변화를 위해 아이들과 함께 기후위기를 극복해갈 방법을 경쾌하게 실천하고 있다. 우리 가족의 작은 행동이 세계 곳곳의 작은 움직임과 만나 지구 전체의 변화에 조금이나마 도움이 되었으면 좋겠다.

(vol. 129, 2020. 5-6)

기후위기와 교육의 생태적 전환

청소년들이 움직이기 시작했다

2019년 10월, 뉴욕에서 열린 유엔 기후정상회의에서 16세 소녀 그레타 툰베리는 세계 정치지도자들에게 일침을 가했다. "당신들은 공허한 말로 내 꿈과 어린 시절을 빼앗았다. 대량멸종이 시작되고 있는데도 돈과 끝없는 경제성장 같은 허황된 이야기만 하고 있다."

툰베리를 2019년 '올해의 인물'로 뽑은 《타임》은 "인류가 우

한윤정 _ 한국생태문명프로젝트 디렉터. '생태문명'이란 키워드에 우리 사회의 문제를 해결할 실마리가 있다는 생각으로 생태적 전환의 방법을 모색하고 있다. 서울시교육청 생태전환교육 기획위원회와 워킹그룹에 참여했다.

리의 유일한 보금자리와 맺는 포식적 관계에 경종을 울리고, 파편화한 세계에 배경과 국경을 뛰어넘는 목소리를 전하며, 새로운 세대가 이끄는 시대는 어떤 모습일지 보여주기 위해 툰베리를 올해의 인물에 선정한다"고 밝혔다.《타임》'올해의 인물' 92년 역사상 최연소 수상자인 툰베리는 세계를 변화시키는 주체가 반드시 어른일 필요는 없다(!)는 사실을 증명했다.

툰베리가 스웨덴 국회의사당 앞에서 기후위기 대책 마련을 촉구하며 매주 금요일 결석시위를 시작한 건 불과 2년 전, 2018년 8월 20일이었다. 그 후 120여 개국 청소년들이 툰베리처럼 환경운동가가 되어 거리로 나섰다. 미국의 하벤 콜맨과 알렉산드리아 비아세노르, 태국의 릴리 사티탄사른, 캐나다의 엠마 림, 모두 10대다. 한국에서도 비슷한 시기에 청소년기후소송단이 만들어졌고, 지금은 청소년기후행동이란 이름으로 기후를 위한 결석시위, 헌법소원 같은 활동을 이어가고 있다.

무엇이 이들을 거리로 나서게 했을까? 교육과 현실 사이의 간격이다. 이들은 현재의 기후위기, 환경재난이 개인의 실천만으로 해결할 수 없는 사회구조적 문제라는 사실을 알게 됐다. 이 문제를 해결하려면 당장 화석연료 사용을 중단하고 일회용품 소비를 줄이며 탄소배출과 자원남용이 계속되지 않도록 경제구조를 바꿔야 한다. 그러려면 정치지도자들의 과감한 결단과 실행이 필요하다. 그러나 툰베리의 지적대로 정치지도자들은 여전히 자본과 끝없는 경제성장이란 신화에서 벗어나지 못하고 있다. 경제가 성장하지 않으면 사회가 유지될 수 없다는 전제는 너무 강고하다.

현재 시스템이 바뀌지 않는 건 아이들에게는 기후위기와 환경재난을 가르치는 어른들이 실제로는 사회를 바꿀 의지와 능력이 없기 때문이다. "우리는 지금처럼 살 수밖에 없으니 너희가 배워서 나중에 세상을 바꿔보라"는 식이다. 툰베리와 청소년 환경운동가들은 이런 위선과 태만을 직시했고, 시시각각 다가오는 파국의 시간 앞에서 기성세대의 책임과 미래세대의 몫을 정당하게 요구한 것이다. 그들은 체제와 타협한 기성 환경운동가들이 차마 말하지 못하는 근본적인 진실을 꺼내놓으며 깊은 울림을 준다.

달라지는 환경교육과 생태전환교육

코로나19와 우리나라 기후관측 사상 가장 길었던 54일의 장마는 환경교육의 중요성을 소환했다. 각급 학교에서 환경교육을 해야 한다는 여론이 급상승하고 있다.[1] 법률과 조례, 예산 등이 해결해야 할 문제점으로 거론된다. 환경과목에 그치지 않고 전 교과에 걸쳐 생태감수성, 융합교육, 프로젝트 수업을 실시해야 한

---

1 환경과목 선택 비율은 전국 평균 7%, 환경교사의 수는 한때 전국 77명이었다가 현재 10명으로 줄었다.

다는 의견이 쏟아지고 있다. 그렇다면 기후위기 시대에는 어떤 환경교육이 필요할까? 청소년기후행동 소속 청소년들은 2019년 5월과 8월, 두 차례에 걸쳐 조희연 서울시교육감을 만났다. 그들의 요구는 크게 두 가지였다.

첫째, 교육청 차원의 기후위기 대응 선언을 해달라.
❖ 교육시설의 에너지 절감과 효율화
❖ 서울시교육청 금고 지정 시 온실가스 투자 여부 반영
❖ 채식선택권 보장

둘째, 실질적인 기후위기 교육을 해달라.
❖ 기후위기 교육자료 및 교안 개발, 학교현장에 배포
❖ 기후위기 대응 교내활동이 확산되도록 기후활동 지원금
   예산 편성
❖ 청소년기후행동에 대한 공식 지지와 학생 참여 보장

청소년들의 요구에 대한 응답의 형식으로, 서울시교육청은 '생태전환교육 중장기 계획(2020-2024)'을 발표했다. 첫 번째 요구와 관련해서, 탈석탄 금고 지정 시 온실가스 투자 여부가 심사 항목에 포함됐고 학교 건물의 에너지 진단과 리모델링, 햇빛발전소 설치, 탄소배출제로 교육도 서울시 그린뉴딜 정책과 연계해

2021년부터 시작된다. 채식선택권은 채식을 실천하는 소수 학생들의 권리 보호 차원을 넘어 "기후위기는 먹거리위기"라는 관점에서 교육과 홍보를 하고 학생들 스스로 육식의 비율을 줄여 균형식을 선택하는 방향으로 논의되고 있다. 방향은 바람직하지만 오랜 시간이 걸리는 일이다.

두 번째 요구의 실현은 더욱 어렵다. 어떻게 해야 '실질적인 기후위기 교육'이 되고 '학생 참여가 보장'될까? 실질적인 기후위기 교육은 현재 기후위기가 얼마나 심각한지 단순히 알려주는 교육은 아닐 것이다. 미래세대가 성인으로 성장해 한창 활동할 2030년대 이후 세계를 전망하면서 그에 대비한 가치관과 지식을 가르치는 일이 필요하다. 따라서 생태전환 교육의 과제는 기후위기와 환경재난을 최소화하기 위한 생태적 전환의 방법을 가르치고 탄소배출제로 교육을 통해 학교에서 실천하도록 하는 동시에, 교육 자체를 생태적으로 전환하는 것이다. 개인의 경쟁력을 키우는 데 초점을 둔 지금의 교육은 이웃, 자연을 배려하면서 더불어 살아가는 공생력을 키우는 교육으로 전환돼야 한다.

생태전환 교육과정에서 새롭게 시도하는 내용은 '사건 중심 탐구' 수업모델 개발이다. 국가환경교육센터장인 이재영 공주대 환경교육과 교수를 중심으로 교사, 교육행정가, 전문가들이 개발에 참여해 빠르면 2021년부터 중학교 자유학기제에 적용될 사건 중심 탐구는 학생들에게 실제 세계의 사건을 탐구하게 하는 것이다. 사건은 생태계와 사회체계에 걸쳐 우발적, 맥락적, 통합적으로 발생하며, 여기에는 다양한 해석이 열려 있다. 예를 들어 일본의 환경병인 이타이이타이병은 태평양전쟁을 준비하며 광산을 개발하면서(평화), 재벌기업 미쓰이에 특혜를 주고(경제), 유해한 성분의 중금속 카드뮴(화학)이 농업용수와 식수로 흘러들었으며 (안전), 출산을 경험한 여성들에게 피해가 집중됐고(성평등), 원인 규명 과정에서 심각한 편견이 작용했음을(인권) 살펴보며 다양한 교과 주제를 연결해 학습할 수 있다. 이런 사건 중심 탐구는 분과 학문에 기초한 교과의 지식, 이론, 법칙 중심 교육을 보완한다.

환경이라 쓰고 미래라 읽는다

환경문제는 수많은 사회문제의 일부가 아니라, 끝없이 만들고 소비하고 버리는 산업문명 시스템으로 인한 파멸을 경고하는 증상이다. 그래서 석탄화력발전소를 없애기 위해 원자력발전소를 짓고, 플라스틱을 계속 쓰기 위해 썩는 플라스틱을 개발하는 것보다 더 근본적인 해결책이 필요하다. 배에 구멍이 나서 물이 들어온다면 물을 퍼내야 할까, 아니면 배를 버리고 탈출해야 할까? 이런 생각은 너무 과격해서 받아들이기 어려울 뿐 아니라 생각하기조차 싫다. 이후의 일들을 잘 상상할 수 없다. 그러나 엄연한 진실이다. '인류세'라는 단어가 이를 과학적으로 증명해준다.

기후가 변곡점으로 가는 것을 막기 위해 산업혁명 대비(1880년 기준) 1.5℃ 상승 저지선을 지켜야 하고 2030년까지 현재 탄소배출량의 절반으로 줄여야 한다는 말을 흔히 듣는다. 이것의 의미는 앞으로 10년간 매년 7%씩 탄소배출을 줄여야 한다는 뜻이다. 1960년대 경제개발이 시작된 이후 한국에서 탄소배출이 의미 있는 수치로 줄어든 것은 단 한 번, IMF 외환위기를 겪은 1998년이었다. 그 해 탄소배출 증가율은 -14%, 경제성장률은 -5.1%였다. 이는 탄소배출 50% 감축이라는 목표를 달성하려면 2030년까지 외환위기를 다섯 번 겪어야 한다는 뜻이다.

_ 김병권, 『기후위기와 불평등에 맞선 그린뉴딜』, 책숲, 67쪽

환경교육은 이런 엄연한 진실을 가르쳐야 한다. 아이들에게 겁을 주자는 뜻은 아니다. 경제성장률이 마이너스가 된다고 해도 지금 생각하는 것처럼 우리 사회가 망하는 건 아니라는 사실을 가르쳐야 한다. 경제성장률에는 담배, 핵무기, 총칼, 나무 벌채, 도로 건설이 포함되지만 건강, 지혜, 배려, 사람들에게서 얻는 즐거움, 예술의 아름다움, 자연의 신비는 포함되지 않는다. 또한 탄소배출을 줄이기 위해 꼭 외환위기 때와 같은 파국적 상황을 겪을 필요는 없다. 어느 정도까지는 과학기술이 뒷받침될 것이다.

환경교육은 미래에 대한 교육이어야 한다. '미래교육'이라고 할 때 흔히 테슬라의 유인 우주선이나 구글 알파고를 떠올리고

과학기술이 창조하는 새로운 미래를 상상한다. 그러나 끝없이 확장되는 미래는 인류 역사상 짧은 시기에 형성된 관념이다. 과학기술을 기반으로 화석연료와 기계장치를 활용한 대량생산체제를 갖추고, 기후위기와 자원고갈 사태를 맞을 때까지 전 지구적으로 확장된 자본주의 산업문명 시대의 상상력일 뿐이다. 물론 하루아침에 우리가 발 딛고 선 문명을 박차고 진공 지대로 갈 수는 없다. 그러나 거대한 전환이 필요하다는 인식을 심어주어야 한다.

히로이 요시노리는 『포스트 자본주의』에서 포스트 자본주의가 모색되는 현재를 추축시대에 비유한다. 추축시대란 세계문명사의 대전환기로 부처, 공자, 소크라테스가 등장한 BC 6세기 후반부터 4세기 후반까지의 200년을 가리킨다. 이들 사상가의 공통점은 초월적 존재를 중심으로 세계를 바라보았던 자연종교와 그에 기초한 고대문명을 뛰어넘어 사람 중심의 철학사상을 제시했다는 것이다. 이들의 등장은 중국, 그리스, 인도 등 각 지역에서 진행된 농경과 인구증가의 결과물이다. 당시 삼림 고갈과 토양 침식이 심해져 농경문명이 자원과 환경의 제약에 직면했고, 이런 제약 속에서 "물질적 생산의 양적 확대에서 정신적, 문화적 발전으로의 전환"이 필요했던 것이다. 지금이 바로 그런 시기다. 히로이 요시노리는 정보기술과 생태적 전환을 미래의 두 방향으로 제시하지만 정보기술의 발전은 한계가 뚜렷하다고 지적한다.

끌림이 있는 교육공동체

생태교육, 유기농, 마을공동체의 선진지인 충남 홍성의 풀무농업기술고등학교를 방문한 적이 있다. 학교 입구에 2018년 개교 60주년을 기념해 세운 표지석에서 공동설립자 이찬갑 선생님이 쓴 '새 날의 표어'를 읽었다.

헤쳐감의 표징인 부지런히 일하며 / 찾아감의 표징인 부지런히 공부함 / 해 뜰 때 문을 열고 해 질 때 집에 들며 / 언제든 참과 옳음 무어든 밝고 맑게 / 이 수난의 상징인 조선에 뛰어들며 / 또 조선의 상징인 농촌을 둘러 메임 / 참됨의 새 인간에 이 겨레가 / 깨나며 영원의 새 나라에 이 겨레가 살아감 (1945)

75년이 지났어도 여전히 감동을 주는 문구를 읽으며 스승이란 어떤 존재인지 생각했다. 그가 가리키는 방향으로 주저 없이 몸을 돌리게 만드는 '끌림'에 대해 생각했다. 20세기의 철학자 알프레드 노스 화이트헤드는 아름다움을 자기 철학의 중심에 놓았다. 그는 우리를 멈추지 않고 앞으로 나아가게 하는 것, 즉 생명 현상의 본질은 '느낌'이고 '아름다움에의 끌림'이라고 했다. 어떤 감동을 주지 않고서는 관심과 변화를 만들어낼 수 없다. 우리 행동을 돌아보면 경험적으로 먼저 이끌린 다음, 거기에 맞는 지식과

정보를 모아 합리적 설명체계를 만들어낸다는 사실에 동의하게 된다.

코로나19 이후의 교육은 이런 끌림으로부터 다시 시작해 아름다운 교육공동체를 만들어야 한다. 코로나19가 정지시킨 일상은 자연스럽게 보였던 모든 것을 다시 생각하게 만들었다. 돌아보면 세월호 사고 이후 학부모들의 생각이 조금은 변했다. 성적이나 입시에 매달리는 것도 아이들이 건강하게 살아 있다는 걸 전제로 한다는 사실을 깨달았다. 코로나19도 마찬가지다. 글로벌 자본주의가 더 이상 존속되기 어렵다면 그것을 떠받치던 경쟁적 교육체제에도 약간은 균열이 갈 것으로 기대한다. 그 자리에 우애, 협력, 공생을 기반으로 한 학교-지역 공동체가 꽃을 피워야 한다.

무엇보다 정치적 행동에 나선 청소년들의 요구, 침묵하는 청소년들의 희망까지 합쳐 기후위기 대응 교육, 청소년들의 주체적 참여, 나아가 교육의 생태적 전환이라는 과제에 응답할 수 있기를 바란다. 학교가 삶의 양식을 바꾸고 교사와 학부모를 포함한 교육공동체도 이 문제에 깊은 관심을 가져야 한다.

청소년들이 거리로 나왔다. 이런 끌림이 제대로 보살핌을 받지 못한 채 시간이 너무 길어지면 스러질 수밖에 없다. 끌림은 아름다운 만큼 안타까운, 생명이기 때문이다.

(vol. 131, 2020. 9-10)

재난은 사회를 어떻게 바꾸는가

우리는 코로나 사태라는 재난의 시대에 노아의 방주가 될 것
인지 아니면 바이러스를 배양하는 접시가 될 것인지, 어려운 문
제에 당면해 있습니다. 이 문제에 제일 크게 부딪히는 곳이 교회
와 학교인데요. 사람들이 모여서 서로를 구원하고, 함께 잘 살아
보자고 힘을 돋우는 공간인 교회나 학교는 재난 이후에 어떻게
존재해야 할까요. 저의 고민은 구원의 방주가 되어보자는 데에
초점이 맞춰져 있습니다.

엄기호 _ 사회학자. 사람들과 이야기 나누고 글쓰는 일을 주업으로 하고 있다. 『단
속사회』, 『교사도 학교가 두렵다』, 『고통은 나눌 수 있는가』 같은 책을 썼다. 이 글
은 청어람아카데미에서 2020년 3월에 진행한 강연을 정리·보완한 것이다.

사회학자들은 코로나19 이전부터 우리가 재난사회에 들어섰다고 진단했습니다. 사회 곳곳에 재난학교를 어떻게 만들 것인지, 학교에서는 무엇을 가르치고 어떻게 배워야 할 것인지, 재난 속에서 삶을 배우는 공간을 어떻게 만들어갈 것인지 고민하던 중에 코로나19 팬데믹이 발생했습니다.

리스본 대지진과 근대인간의 탄생

재난과 관련해 짚어볼 중요한 사건이 있는데요. 1755년 11월 1일, 만성절(모든 성인의 날) 미사를 드리기 위해 성당에 모여 있던 포르투갈 리스본의 시민들은 하늘이 무너지고 땅이 꺼지는 재난을 겪습니다. 리스본 대지진 사건이죠. 성당이 무너지고, 그 안에 있던 수많은 사람들이 죽고 다쳤습니다. 이 사고가 중요한 이유는 하필이면 '천주교 축일'에 '교회 안에서' '사람이 죽었다'는 사실 때문인데요. 사람들은 물을 수밖에 없었습니다. 하나님은 어디에 계시는지, 신의 뜻은 무엇인지, 신이 어떤 의도로 이런 일을 겪게 했는지….

이 일을 겪기 전까지 사람들은 '모여서' 신의 말씀을 듣고 '모여서' 기도하고 '모여서' 선행을 하는 것이 신의 징벌을 피하고 자비를 구하며 구원을 받을 수 있는 유일한 길이라 알고 있었습니다. 인간이 자연재해 같은 고난을 겪는 이유는 죄를 짓고 반성하지 않았기 때문이라고, 충분히 반성하고 다시 자신의 품으로 돌아오라는 신의 뜻이라고 여겼습니다. 우연이 아니라 필연으로 본 거죠.

그러나 프랑스의 작가 볼테르는 이 지진의 희생자들을 추모하며 "죄인과 무고한 자 모두 죽었다"고 말했습니다. 자연재해를 신의 뜻으로 해석하던 당시, 그의 말은 사람들에게 큰 전환점이 되었습니다. 리스본 대지진 이후에 성직자들도 할 말이 없어졌어요. 성직자들이 해석해주는 신의 뜻에 순종하며 기도하고 덕을 행하는 것이 자연재해와 아무런 상관이 없다는 것을 사람들이 깨달았기 때문이죠. 리스본 대지진 사건이 상징하는 바는 재난 앞에서는 모여서 기도하고 말씀을 듣는 일이 무의미하다는 것이었습니다. 지금의 코로나19 사태처럼, 모여 있다가는 한꺼번에 죽을 수도 있다는 것을 보여준 사건이었죠.

근대성의 관점에서 보면 자연의 특징은 (지그문트 바우만이 이야기하는 것처럼) 무목적성에 있습니다. 목적이 없기 때문에 예측이 불가능하고, 우연히 발생하며, 인과론적이지 않다는 거죠. 이를 무목적성, 예측 불가능성, 우연성이라고 정리할 수 있습니다.

이런 인식의 변화를 가리켜 자연재해가 인간의 도덕으로부터 떨어져 나갔다고 이야기할 수 있습니다. 그 전에는 재난의 원인 속에 '인간의 행위에 따른 신의 징벌'이라고 하는 천재와 인재가 결합되어 있었지만, 리스본 지진 이후로는 분리되어버렸습니다.

이 사건의 중요한 지점이 바로 여기예요. 자연재해를 대하는 인간의 태도를 완전히 바꿔버린 거죠. 우리가 살아가는 이 재난의 시대, 지금 당면한 코로나19 사태는 다시 한 번 우리의 태도를 바꿀 것을 촉구하고 있습니다.

그렇다면 무목적성, 예측 불가능성, 우연성이 어떻게 인간을 해방시켰을까요. 인간이 자신의 도덕적 결함 때문에 신에게 벌을 받을 수 있다는 공포로부터 해방되었고, 이것이 근대가 시작되는 한 계기가 되었습니다. 징벌을 통해 정화가 되어야 다음으로 넘어갈 수 있다는 게 '신의 뜻'에 따른 필연성인데, 이 논리가 소용없어졌죠.

또한 과거에는 인간의 힘으로 재난을 극복하려는 시도가 또 다른 재난을 불러일으킨다고 생각했습니다. 신의 뜻을 거스르고 감히 재난과 고통, 고난을 극복하려는 인간의 의지를 '교만'이라고 본 것이죠. 이제는 그럴 필요가 없어졌습니다. 신의 자비가 아니라 인간의 이성과 힘으로 자연재해를 극복할 수 있다고 생각하게 되었습니다. 재해나 고통을 극복하려고 하는 것은 교만이나 무모함이 아니라 인간의 이성과 힘이 가진 축복이라고 생각하게 되었죠. 근대사회는 이러한 인간의 이성을 기반으로 성장해왔습니다. 막스 베버의 표현을 빌어 말하자면 '자연의 탈주술화'라고 할 수 있습니다.

코로나19를 맞닥뜨린 세계

자연의 탈주술화를 통해 자연을 인간 이성의 힘으로 통제할 수 있다고 봤지만, 역설적으로 그로 인해 더 큰 재난을 불러올 수 있다는 걸 우리는 코로나 사태를 통해 경험했습니다. 이 바이러스가 처음 발견된 곳은 지금까지 알려진 바에 따르면 중국 우한입니다. 초반에 통제할 수도 있었지만 중국 당국은 그 길을 선택하지 않았어요. 코로나19 바이러스를 최초로 발견한 리원량 의사가 당국에 보고했지만 무시당했습니다. 오히려 혼란을 일으켰다며 반성문을 써야 했죠.

이런 일이 벌어졌을 때 더 이상 신에게 의지하지 않고 인간 이성의 힘을 발휘하기 위해 만든 것이 질병관리본부, 국가 같은 소위 '조직'입니다. 이런 제도들을 '관료제'라고 할 수 있습니다. 관료제는 어떤 사고와 사건에 대처하기 위해 대규모로 자원을 동원하고 배분하는 체계적인 인간의 조직체입니다. 관료제는 재난을 극복하는 도구가 되어야 하는데, 중국에서는 재난을 무시하고 대처를 지연시키면서 대신 국가 권력을 지키고자 했어요. 자원을 동원하고 배분하는 힘의 집결체인 관료조직이 권력의 눈치를 보고 그 비위만 맞추려 하다가는 오히려 재난의 근원이 되기도 한다는 것을 이번에 중국이 여실히 보여주었습니다.

재난의 중심에서 관료제가 '무엇을 위한 책임'이 아니라, '무엇에 대한 책임'으로 바뀌는 경우가 있습니다. 그전에 책임과 책무의 개념에 대해 이해할 필요가 있는데요. 책임과 책무는 어떻게 다를까요. 어떤 사건이 벌어지면 거기에 '응답하는 것'을 책임이라 합니다. 어떤 사건에 대해 누가 이 책임을 느껴야 할까요? 결론적으로는 이 사건을 목격한 사람, 이 사건을 겪는 고통의 목소리를 들은 사람에게 '공동'의 책임이 발생합니다. 이 책임은 무조건 져야 하는 것입니다. 책임이란 '응답할 의무'입니다. 이 책임을 지그문트 바우만은 '도덕적 책임'이라고 부릅니다.

책무는 어떤 사건이나 사고가 벌어지면 누가 이 사건의 계좌를 가지고 있는지 찾아내는 겁니다. 책무성을 강조하게 되면 사람들은 책임을 안 지려고 합니다. 나의 계좌만 지키면 되니까, 응답하다가는 어디선가 실책을 할 수도 있으니까, 책무를 지지 않는 가장 좋은 방식은 아무것도 안 하는 것이라고 생각하게 되죠.

중국에서 관료제가 작동한 구조를 보면 꼭대기에 시진핑이 있고 제일 아래에 고통당하는 시민들이 있습니다. 그 사이에 의사 리원량이 있어요. 그는 고통 받는 당사자를 보고 의사로서 책임을 지려고, 응답하려고 했습니다. 응답하기 위해 그는 국가를 부릅니다. 인간의 이성과 힘으로 문제를 해결하려고 만든 관료조직 중에서 핵심은 국가입니다. 하지만 국가의 관료조직은 그 요청에 응답하는 대신 꼭대기를 보호하려고 노력했습니다. 은폐하려 했고, 무시했고, 응답했던 의사를 탄압하는 형태로 대처했습니다.

고통이 사라지지 않고 훨씬 더 커지게 된 것이죠. 코로나19가 걷잡을 수 없는 사태로 번진 원인입니다.

관료조직의 일처리가 서류나 절차 같은 '기술적 책임'에만 머무르게 되면 고통의 당사자는 시야에서 사라져버립니다. 고통의 당사자가 아니라 결국 관료조직을 유지하고, 관료조직이 지키고자 하는 인간사회의 질서를 유지하는 것이 중요하다고 생각하게 되는 거죠. 중국의 관료조직은 우한의 시민이 아니라 시진핑으로 대표되는 중국의 법질서를 선택하면서 가장 잔혹한 방식을 채택했습니다. 우한을 완전히 격리, 봉쇄했죠. 그리고 이를 위해서 법질서를 위협하는 자들, 보호할 가치가 없는 쓸모없는 사람들을 분류하기 시작합니다.

이탈리아, 스페인 같은 유럽의 몇몇 나라와 미국에서 의료시스템이 붕괴되기에 이른 상황에서 벌어지는 비극도 그런 원리입니다. 실제로 이탈리아에서는 나이가 너무 많은 노인들에게는 산소호흡기를 달지 않았습니다. 결국 죽음에 이를 것이기에 그 산소호흡기를 젊은 사람에게 달아주는 것이 생명을 구하는 데 더 효율적이기 때문입니다. 바로 공리주의입니다.

관료제 자체를 두고 좋다, 나쁘다 이야기하기는 어렵습니다. 본래 이중적인 성격이 있으니까요. 가장 안 좋은 건 관료제든 뭐든, 제도가 붕괴하는 것입니다. 유럽이나 미국의 질병통제예방센터CDC는 중국인 입국을 금지한다고 코로나19를 막을 수 있는 게 아니라 단지 대처할 수 있는 시간을 버는 거라고 이야기했는데, 유럽까지 번졌을 때 사람들은 놀랐습니다. 벌어놓은 시간 동안 아무것도 한 게 없다는 사실이 드러난 거죠. 제도가 작동할 수 있는 방식 중에 가장 안 좋은 방식이었던 거예요.

한국의 경우는 신천지 문제를 더 들여다볼 수 있습니다. 지그문트 바우만의 논의를 빌리면 국가에 의해 쓸모 있는 사람과 쓸모없는 사람이 선별되는 과정에서 쓸모없는 존재로 분류되어 떨어져 나간 사람들이 가장 모이기 쉬운 곳이 이들의 삶을 재주술화하는 어떤 조직, 어떤 운동입니다. 사회학적으로 표현하면 소수의 광적인 숭배를 받는 문화 현상 즉, 컬트Cult의 등장이라고 할 수 있습니다. 한국 신흥종교의 뿌리도 거기에 닿아 있어요.

박태선과 그 뒤를 잇는 계보를 보면 1980년에서 1990년까지 거기에 모였던 대다수 사람들은 도시 변두리에 자리잡은 빈민들, 이촌향도해 서울로 오면서 뿌리가 뽑힌 사람들이었습니다. 뿌리 내릴 수 있는 공동체가 존재하지 않았던 사람들에게 에너지를 집중시키며 재주술화가 폭발적으로 이뤄진 것이라 할 수 있죠.

흥미로운 현상이 있는데요. 1990년대 이후 신흥종교에 모이기 시작한 사람들 중에 엘리트와 중산층이 많아졌습니다. 이번에 신천지 사건을 통해 젊은 사람, 대학생들, 나름 엘리트라 할 수 있는 이들이 여기 속해 있다는 게 드러났어요. 과거에는 도시빈민처럼 노골적으로 사회에서 배제한 이들이 주를 이뤘다면, 지금 이곳에 모이는 사람들은 좀 다릅니다. 사람들이 스스로 자신의 삶을 쓸모없다고 느끼고 있다는 것이 중요합니다. 취직이 안 되고 있다거나 자기가 하고 있는 일에서도 의미를 찾지 못한다거나 하는 등 의미와 가치의 영역에서 광범위하게 소외가 일어나고 있기 때문입니다. 더 정확히 말하면 삶의 위축을 경험하고 있는 사람들입니다. 따라서 이 위축된 삶에 열심히 살고 싶어 하는 근대적 주체의 열망을 컬트만큼 채워주는 것도 없어요. 이 활동을 열심히 하면 내 삶에 충만함이 찾아옵니다. 위축된 사람들의 삶에서 필연적으로 일어날 수밖에 없는 재주술화입니다.

한국 사람들은 신천지교회가 이 정도 큰 규모로, 자기들끼리 이렇게 밀도 있게 협력하며 사는 공동체라는 걸 몰랐습니다. 거기서 이런 일이 일어날 줄도 몰랐죠. 우리가 사회에서 격리되거나 고립되었다고 무시했던 영역이, 사실은 무시할 만한 것이 전혀 아니고 사회에 큰 타격을 주는 것으로 나타났습니다. 왜냐하면 이 사람들 자체가 사회에서 고립되고 격리된 사람들이 아니기 때문입니다.

재난의 시대, 무엇을 배워야 할까

그렇다면 재난의 시대에 '학교'는 무엇을 해야 할까요? 이 학교는 굳이 공교육일 필요는 없습니다. 재난에 대해 배우고, 대처하고, 역량을 키우는 모든 곳이 학교일 것입니다. 재주술화의 방식으로 모여서는 안 된다는 것은 분명합니다. 모이되 무엇을 위해 모여야 하고 모여서 무엇을 할 것인지 질문해야 합니다.

먼저, 재난의 목록을 체계화해야 합니다. 기후위기도, 코로나19 팬데믹도 모두 이 시대의 재난입니다. 코로나19를 겪으면서 사람들은 다른 전염병이 또 올 거라는 것을 알게 됐어요. 사스나 메르스처럼 극복하고 행복하게 예전의 삶으로 돌아가지 못한다는 걸 모두가 알고 있습니다.

이 재난으로부터 파생되어 나온 또 다른 재난이 있습니다. 바로 혐오입니다. 엄청난 규모의 백래시가 혐오의 바람으로 불고 있어요. 인터넷 댓글을 보면 조선족, 중국인에 대한 혐오가 말도 못할 정도예요. 사회학자 리처드 세넷은 이를 가리켜 '새로운 부족주의, 새로운 종족주의의 출현'이라 표현하는데요. 이런 상황이 되면 사람들은 더 이상 보편을 사고하지 않습니다. 우리 모두가 어떻게 행복할 것인가를 고민하는 게 아니라 '내 종족만 구원받고 내 부족 안에서만 살겠다, 너네는 우리 땅에서 나가라'는 입장을 취하게 됩니다. 이건 중세로의 회귀 정도가 아니라 고대로 회귀하는, 굉장히 심각한 재난이에요. 혐오와 부족주의(종족주의), 인종주의 같은 재난에 우리가 어떻게 맞설 것인지, 이 역량을 학교에서 어떻게 키울 것인지 생각해봐야 합니다.

팬데믹 이후에 알려지고 있는 '인포데믹'이라는 용어가 있는

데요. 정보information와 전염병epidemic의 합성어로, 잘못된 정보가 미디어와 인터넷을 통해 빠르게 퍼져나가는 현상을 뜻합니다. 학교가 배움의 공간이라면, 우리는 잘못된 정보로 또 다른 재난을 만들지 않도록, 재앙적인 정보가 우리 사회에 퍼지지 않도록 연습해야 합니다. 이게 재난학교의 중요한 역할이에요. 가짜뉴스라든가 유언비어에 맞서 불안을 떨쳐내면서 내가 어떻게 행동하고 우리가 어떻게 행동해야 하는지 배우고 말할 수 있는 역량을 키워야 합니다.

두 번째로 소통 역량을 키워야 합니다. 말이 통하지 않는 사람에게 친절하고 정확하게, 권위적이거나 위압적이지 않은 방식으로 말할 수 있는 역량을 길러야 해요. 조롱하고 경멸하지 않으면서 어떻게 그들을 구원의 방주에 초대할 것인가, 이는 명확한 소통의 문제입니다. 재난에 맞서는 일에 가장 중요한 것은 소통 역량이에요.

지금 우리 사회의 소통 역량을 보면 끔찍한 수준입니다. 자기와 조금이라도 말이 다른 사람, 생각이 다른 사람과는 전혀 소통을 못합니다. 소통을 하다가도 조금만 다르다는 것을 발견하면 관계를 끊어버립니다. 그만큼 지금의 소통은 소통이 아니라 동질성을 확인하고 강화하는 과정에 불과합니다. 그러다 보니 메시지는 같은데 더 주파수가 강한 '격렬한' 말만 생산되고 있습니다. 말의 뜻보다는 말의 강도만 높아지니 소음 경쟁에 가깝습니다.

올해 제가 김성우 선생님과 함께한 대담집 『유튜브는 책을 집어 삼킬 것인가』에서도 강조한 것처럼, 소통의 목적은 다른 두 행위자 사이에 다리를 놓는 것입니다. 그런데 지금의 방식은 다리가 아니라 말의 바벨탑을 쌓는 방식입니다. 그래서 다른 사람을 위에서 아래로 내려다보며 조롱합니다. '난독증'이니 '문맹'이니 하는 말로 상대의 '무식'을 조롱합니다. 그런데 이렇게 조롱하는 사람은 자기야말로 소통에 '무식'한 사람이라는 것을 깨닫지 못하고 있습니다. 소통에서 '유식'이란 남의 무식을 조롱하는 게 아니라 자기가 무식하다고 조롱하는 그 사람의 말을 알아듣고 이야기를 나누는 것인데도 말입니다.

이 소통 역량은 학교에서 어떻게 키울 수 있을까요? 이것을 위해 우리는 지금의 학교가 얼마나 동질화되어 있는지, 또는 다름과 소통하기 위해 '다름들'이 얼마나 다양하게 공존하고 섞이고 있는 생태계인지를 물어보아야 합니다. 중산층 아파트 단지 안에 있는 학교는 '사회적 섞임'이라는 관점에서 본다면 심각하게 동질화되어 있습니다. 또한 입시를 위해 토론을 배우다 보니 '경쟁식 토론'이 많습니다. 남의 주장을 논박하고 자기의 정당성과 타당성을 입증하는 방식으로 토론합니다. 남의 이야기를 듣고 말을 거는 방식이 아닙니다. 요즘 많은 선생님들이 공을 들이고 있는 '비경쟁식' 토론으로 넘어갈 필요가 있습니다.

학교가 어떻게 하면 방주가 되고, 방주를 만들 수 있는 사람을 기르는 공간이 될 수 있을까요. 무엇보다 우리가 서로 연결되어 있으며 서로에게 책임이 있는 존재라는 것을 깨닫고 실천하는 법을 배워야 합니다. 이 책임은 위에서 말한 책무가 아니라 '응답으로서의 책임'을 말합니다.

부족주의에 저항하기 위해 보편에 대한 감각을 익히고, 학교에서부터 일찌감치 실존적 소외를 경험해 재주술화의 길로 가게 되는 것을 방지해야 합니다. 서로가 서로에게 책임을 지는 존재라는 것을 깨닫고, 타인의 '무식'을 조롱하는 게 아니라 그와 이야기를 나눌 줄 아는 소통 역량을 키우고, 사회를 구축하는 힘을 기르는 '학교'가 되어야 합니다. 매우, 매우 어려운 일이겠지만요. 이를 위해 노력하고 계신 모든 가르치는 자와 배우는 자들의 건투를 빌어봅니다.

(vol. 129, 2020. 5-6)

삶의 전환, 교육의 전환

코로나19가 일깨운 학교의 역할

코로나19 사태로 세상은 크게 변하고 있다. 예전으로 돌아가기는 힘들 것이다. 이 시기를 거치면서 우리는 그간 해왔던 것 중에 정말 필요한 것이 무엇인지, 무엇을 덜어내야 할지를 인지하게 되었다. 특히 '공공재'로서의 교육과 돌봄에 대해 많은 것을 알게 되었다. 지금 우리는 예전보다 더 근본적으로 교육에 대해

조한혜정 _ 문화인류학자. 1980년대에는 '또하나의문화'와 함께 여성주의 공론의 장을 열었으며, 1990년대에는 '하자센터'를 설립해 대안교육의 장을 여는 데 참여했다. 『탈식민지 시대의 글 읽기와 삶 읽기』, 『성찰적 근대성과 페미니즘』 외 많은 책을 썼다. 이 글은 최근의 상황을 반영해 다시 고쳐 쓴 것이다.

성찰할 지점에 와 있다.

실제로 주변에서 흥미로운 변화가 보인다. 대기업에 근무하는 A씨는 최근 서울에서 산골 마을로 이사를 했다. 서울에 있는 회사 동료들은 가능한 한 회사에 가서 일을 보려 하지만 A씨는 재택근무를 한다. 출퇴근 시간도 절약하고, 공기 좋고 풍광도 좋은 환경에서 일의 능률도 더 높아졌다. 이주를 결심한 가장 큰 이유는 아이들을 위해서다. 중학생과 초등학생인 아이들은 산골의 작은 학교를 다닌다. 코로나 팬데믹 이후 서울에서는 학교를 거의 가지 못했는데 한 반에 열 명이 안 되는 이곳에서는 매일 학교에 가서 놀 수 있다. 중학생 아들은 이미 스스로 공부하는 습관이 들어 온라인으로도 얼마든지 공부를 할 수 있다. 경쟁이 치열한 학교가 아이의 미래나 건강한 성장에 도움이 되지 않는다는 것을 알기 때문에 온라인과 오프라인 통해서 새로운 학습을 실험하면서 사람답게 살아볼 생각이다.

A씨처럼 코로나 사태로 온라인 수업을 지켜본 '똑똑한' 부모들은 기존 교육이 얼마나 시대착오적인지를 새삼 발견하는 한편 막강한 사교육 시장이 개발한 온라인 시스템을 보고 놀라고 있다. 아이의 동기와 공부 습관 그리고 주변의 준거집단이 중요하다는 것도 알게 되었고, 이미 있는 온라인 학습 교재를 적절히 활용하면 학교와 상관없이 입시에서도 얼마든지 성과를 낼 수 있다는 것을 알게 되었다.

입시공부와 무관한 학교의 기능도 새삼 알아가고 있다. 아이를 종일 데리고 있으면서 끼니를 챙기고 안전하게 돌보는 공간이라는 점에서 말이다. 그래서 보다 환경이 쾌적하고 스트레스를 덜 주는 '인간적인' 학교를 찾아 나서게 된 것이다. 시골로 이사할 생각이 없는 경우는 하교 후에 부모들이 삼삼오오 방과 후 학습 시간을 꾸려 대안을 모색하기도 한다. 또한 동네 공부방이나 지역아동센터 등 마을에서 아이들을 제대로 돌보고 교육도 챙기려는 움직임도 일고 있다. 그간 막강한 비중을 차지했던 학교의 역할과 위상이 흔들리면서 시민들이 저마다 학교를 보다 잘 활용하는 방향에서 자구책을 구하기 시작한 것이다.

한편 지금 학교를 다니는 학생들은 스마트폰 세대로 상당수가 초등학교 저학년부터 온라인으로 많은 것을 접하고 또 익히고 있다. 아주 어릴 때부터 음식점에서 조용히 하라고 엄마가 쥐어준 스마트폰 덕분에 취향도 뚜렷해지고, 일찍이 학습지를 해왔기 때문에 학습지 회사가 개발한 태블릿 PC 학습 방식에도 익숙하다. 구구단도 온라인으로 외우고, 영어나 수학, 국어 공부도 스스로 할 수 있고, 더 나아가 자신이 알고 싶은 관심사를 아주 깊이 파고들 줄도 안다.

초등학교 2학년인 손자는 〈우와한 비디오〉, 〈흔한 남매〉라는 코미디 프로를 즐겨 보는데, '대학은 왜 가나?'라는 프로그램을 보면서 대학은 안 가야겠다고 마음먹기도 하고, 할머니에게 "나

이제 지칠 대로 지쳤어요. 혼자서는 이 밤이 너무 추워. 그럼 보일러 틀어" 이런 노래를 들려주기도 한다. 색종이 접기와 슬라임 놀이도 유튜브 선생님을 통해 익히고, 곤충박사 정부르, 마술사 최현우 등 하나를 깊게 파는 마니아 형들의 열혈 팬이기도 하다. 코로나가 창궐하는 미국에는 절대 안 가고 싶다면서도, 아크로바틱스, 파쿠르, 산악자전거 유튜브를 통해 이미 아름다운 지구촌을 온라인으로 두루 둘러보고 있다. 기후위기로 먹을 것이 없어질지 모른다면서 디스커버리 생존 프로그램인 〈베어 그릴스〉를 반복해서 보기도 한다.

넷플릭스의 〈소셜 딜레마〉에서 탁월하게 그려주고 있듯, 이 세대는 온라인 중독으로 거대 테크 기업들이 만들어주는 욕망의 사이클에 갇힌 채 살아갈 가능성이 아주 높지만, 동시에 이미 자기만의 뚜렷한 세계관을 만들고 있다. 온라인 공간과 AI의 세계라는 새로운 시공간에서 살아갈 신인류답게 말이다.[1]

팬데믹 상황에서 모두가 불안과 공황 상태를 경험하며 지내고 있지만 또 한편 깨달음의 시간이 오고 있는 것 같기도 하다. 기후위기와 팬데믹 위기를 자초한 인간이 얼마나 어리석은 존재인지를 절감하면서, 다시 겸손한 존재로 우리 모두가 개벽의 시대를

---

1 스마트폰 중독을 다룬 넷플릭스 다큐멘터리 〈소셜 딜레마 The social dilemma〉를 보면 SNS에 연결된 인간 개체가 얼마나 취약해지는지를 알 수 있다.

열어갈 가능성에 대해 생각해볼 때가 되었다. 그래서 새삼 그간 우리가 거쳐온 제도와 비제도권 교육의 장을 살펴보면서 새 로운 시스템에 대한 생각을 나눠보려고 한다.

놓쳐버린 교육개혁의 기회

유교적 텍스트를 읽으며 몸가짐을 배우는 조선 반도의 서당과 서원을 낙후시키며 근대국가 형성기에 국민을 만드는 학교가 들어섰다. 일제 강점기에 만들어진 그 학교들은 계몽의 시대를 열어가는 공간이기도 했지만, 실은 '대일본제국'에 봉사하는 인적 자원을 기르는 인력공장이었다. 그 이후 대한민국 국가가 세워지면서 그 학교에서는 한강의 기적을 이룬 산업역군들이 키워졌다. 또한 폭력적 군부 독재를 무너뜨리는 민주적 투사들도 고등교육을 통해 성장했다. 이들은 정치 민주화를 요구했고 집단적 시위로 군부 독재정권을 무너뜨렸다.

그 청년들이 결혼을 하고 가정을 이루면서, GNP 1만 달러 시대를 살아갈 자녀들을 위한 학교를 만들었다. 경쟁에서 살아남으려 아등바등하는 장에서 아이들을 해방시키고 싶었고, 자신들이 다닌 강압적 학교는 수명을 다했다는 것을 알았기 때문이다. 이들은 '민족중흥의 역사적 사명'에 헌신하는 국민이 아니라, 스스로를 위해 좋은 나라를 만들어가는 '시민에 의한 시민을 위한 시민의' 시대를 열어가기 위해 대안교육을 주장하기 시작했다. 1990년대 중반부터 생겨난 다양한 대안학교와 공동육아어린이집은 이 '시민적 국민들'이 뜻을 모으고 물질적 · 문화적 자본을 모아 열어간 배움터들이다. "스스로 서서 서로를 살리는"이라는 모토 아래 새로운 시대를 열고자 하는 이들이 모여들었다.

국내외에서 일어나는 대안교육의 움직임에 공감하면서 교육개혁에 발벗고 나선 정권은 1998년에 들어선 '국민의 정부'였다. 당시 이해찬 교육부장관은 "하나만 잘하면 대학을 갈 수 있다!" 하면서 교육개혁을 서둘렀다. 열린 교육을 하겠다고 성적표를 없애고 체벌을 금지했다. 이미 전국 곳곳에 다양한 대안학교들이 생겨나고, 기존 학교에서는 학생들이 수업시간에 공공연히 잠을 자거나 떠드는 등 교실붕괴 현상을 일으키고 있던 차였다. 스스로 사유하는 주체적이고 창의적인 청소년들이 학교 안팎에서 목소리를 내면서 기존 학교는 집어치우라고 말하기 시작했다.

하지만 안타깝게도 교육부는 그런 목소리들을 살려내지 못했다. 대부분의 국가 정책이 그러했듯 꿈만 거창했지 실행 기획은 미약했다. 단순히 선발제도만 바꾸면 된다고 생각해서 '하나만 잘해도 대학을 가는' 입시체제를 만드는 데 급급했다. 하드웨어만 보는 가부장적 틀에서 벗어나지 못했던 셈이다. 섬세하게 현실을 파악해서 어떻게 하면 창의적 시민들의 기운을 살려 교육개혁을 해낼지를 고민하지 않고, 자기들끼리 개혁을 하려고 했다.

시민 주도의 대안학교들이 더 많이 세워지고 내실을 다질 수 있도록 바우처 제도를 시행하거나 보다 적극적으로 제도를 개혁할 시점에 그렇게 하지 못하고, 학습 과정의 규제도 풀지 못했다.

이런 상황에서 대부분의 부모들은 위험 부담이 많은 대안교육의 길을 택하기보다 자신들이 잘 아는 기존의 입시를 통한 명문대 진학의 길을 선택했다. 하나만 뚜렷이 잘하는 아이를 키운다는 것도 실제로는 쉽지 않아 오히려 부지런히 학원에 보내 입시 훈련을 시켰고, 대학 입시의 결과는 학원가 엄마들의 승리로 귀결되었다. 세계화 바람이 불어 닥치면서 살벌한 세계화 시대를 살아갈 아이들의 생존 확률을 높이기 위해 조기 영어교육 붐도 일었다. 해외로 조기 유학을 보내거나 엄마와 아이들만 해외로 교육 이주를 하는 '기러기 가족'도 생겨났다. 오로지 자녀의 성공을 위해 모든 것을 최적화한 것이다.

이십여 년의 시간이 흐르면서 세계화의 실상을 보게 되고, 영어만 잘 하면 되는 것이 아님을 알게 되면서 무작정 해외에 나가는 행렬은 줄어들었다. 탈노동·저고용 사회가 도래한다는 불안한 메시지를 들으면서 불안해진 부모들은 갓난아기 때부터 자녀의 대입 성공을 위해 고삐를 죄었다. 거대 기업이 된 학원들은 갈수록 세련되고 단수가 높아져 맞춤 수업을 기획했다. 그리고 '대치동 어머니'라는 이미지로 불안한 어머니들의 롤 모델을 만들어 내어 그 세계를 리드하기 시작했다. 대학을 나오고 결혼 전 직장

생활 경험이 있는 똑똑한 엄마들은 입시 전문가이자 투자자로 사교육 시장의 전문가가 되었고, 급기야 자발적 홍보를 하기에 이르렀다. 시대가 요구하는 새 교육제도의 도입은 한편에서는 자녀의 개별적 생존과 성공을 선택한 어머니들의 열성에 의해, 다른 한편에서는 현실성 있는 개혁을 해낼 능력을 갖추지 못한 국가에 의해 늦어지거나 포기되었다.

학교를 거부하는 청소년들은 줄어들고, 점심 먹고 친구를 만나기 위해 학교 가는 것이 좋다는 청소년들이 늘어난 것은 이즈음이다. 2000년도 중반부터 끝없는 '자기 계발'과 '자기 책임'을 강조하는 신자유주의적 질서가 본격화되고, 그 질서에 대다수 부모와 함께 청소년들도 자발적으로 몸을 맡겼다. 터무니없는 기준으로 모두를 한 줄로 세우는 선발교육이 다시 자리를 굳혔고, 시장과 절묘하게 결합한 입시체제는 매우 정교하고 복잡해졌다. 그 체제는 조부모의 재력과 엄마의 정보력, 아이의 체력이 어우러져 만들어내는 현실로서, 최근 JTBC 드라마 〈SKY 캐슬〉에서 그 진수를 생생하게 재현한 바 있다.[2]

나는 대안학교들이 전체의 1퍼센트 정도만 되면 제도권 학교도 자연스럽게 변하리라 믿었다. 그러나 그런 일은 벌어지지 않

---

2 항간에 떠도는 '금수저 흙수저'론은 바로 이 현실을 말하는 계급론으로, 프랑스 경제학자 토마 피케티가 말한 '세습 자본주의' 이론의 실제이다(토마 피케티 씀, 안준범 옮김, 『자본과 이데올로기』, 문학동네).

앉다. 진보 교육감들을 중심으로 제도권에서는 '혁신교육'이라는 이름으로 대안교육을 접목하려는 움직임이 일었다. 공교육에 적을 두면서 대안학교에서 학습할 수 있는 제도도 생겨났다. 하지만 시장 주도의 입시 준비 시스템이 워낙 세밀하게 짜여 있고 이미 다수의 아이들이 취학 전부터 그 틀에 들어가 있으므로 그간의 노력과 투자가 아까워서라도 거기서 빠져나오기란 힘든 일이다. 결국 계층과 상관없이 모두가 기둥을 기어오르는 애벌레들[3]처럼 위에 무엇이 있는지 생각할 겨를도 없이 정신없이 기어오르는 상황이 지속되고 있다.

대학은 더 이상 창의적 인재가 세상의 문제를 함께 고민하고 풀어가는 곳이 아니라, 기존 체제 유지에 급급한 거대한 제도가 되었다. 그저 책상 앞에 오래 집중해서 앉아 있을 수 있는 이들을 선발하는 인증기관이 되고 말았다. 대학이 선발한 입시전쟁의 승자들은 수시로 터져 나오는 사회문제를 인지할 수 있는 경험도 하지 못했고, 시간 감각도 기르지 못했다. 이런 체제에서 성공한 이들이 법관과 검사가 되고 고위 공무원이 되고 의사가 된다. 2010년대 들어서 성적 비관으로 자살한 친구를 모른 척해야 했던 특목고 출신 학생들을 종종 만나곤 했는데, 이제는 그런 회한을 가진 이들도 사라지고 있다. 지금 입시에 성공한 이들 대부분

---

3 트리나 폴러스 씀, 김영무 옮김, 『꽃들에게 희망을』, 분도출판사.

은 모든 것을 희생하고 오로지 입시에 전력투구했던 자신의 '영끌(영혼까지 끌어다 바친) 노동'의 시절을 돌아보며 그 노력과 노동을 보상받고자 하는 강박적 경향성을 보인다.

그간 사회에 무관심했던 대학생들이 시위를 하는 것은 그런 상대적 박탈감을 느낄 때이다. 선배 세대처럼 대의를 위한 집단적 노력은 찾아보기 힘들고, 개인적 경험에 근거한 '공평함'에 집착하는 세대가 출현한 것이다. 구조적으로 자신들도 기득권층에 속하고, 이미 학력이 체계적으로 세습되는 불공정 사회가 되어버렸다는 사실은 인식하지 못한다.

사회진화론적으로 보면 이런 사회의 미래는 어둡다. 새로운 세상을 꿈꾸며 집을 떠나려는 의욕을 보이는 청년들은 점점 찾아보기가 힘들다. 학교와 집과 학원의 트라이앵글을 그리며 입시교육에 몸을 맡겼던 이들은 대학을 졸업하고도 큰 고민 없이 입시공부에만 전념하면 되었던 그 시절을 그리워한다. 그리고 평생 그런 안전한 '온실'에 머물기를 소망한다. 급변하는 시대의 문제들을 해결한 후세대를 제대로 길러내지 못하고 있는 것이다.

난민적 공생의 삶을 익히는 학교

앞에서도 말했지만 이제 학교는 많은 아이들에게 싫은 곳이 아니라, 친구가 있고 놀이터가 있고 친환경 급식이 나오는, 가고 싶은 곳이 되었다. 외부 사회가 점점 위험천만한 곳이 되다 보니 학교는 상대적으로 안전한 장소, 머물고 싶은 곳이 된 것이다. 어릴 때부터 엄마의 불안에 감염되어 성장한 아이들은 위험이 도사리고 있다는 외부 세상에 대한 호기심도 별로 없다. '애국적 헌신성'을 강조해온 '국민학교'에서 소비와 문화의 시대를 주도할 '시민들의 학교'를 거쳐 팬데믹 시대의 학교는 어떤 모습일까? 더 이상 '국민'도 '시민'도 아닌 '난민'적 존재가 된 아이들이 어른이 되기까지 배워야 할 것은 무엇일까?

여기서 '난민'이라는 말을 쓰는 것은 국가가 개인을 보호할 수 있다는 믿음이 깨진 파국적 상황을 두고 하는 말이다. 근대화 프로젝트의 중심축인 국민국가는 국민을 보호하고 시장을 견제하기 위한 기구인데, 2008년 월가 파동에서 보듯 대부분 국가는 금융자본의 횡포를 견제하지 않았다. 현 세계는 돈의 체제에 깊숙이 물렸고 국가는 그 하수인이 되어버렸다. 새벽부터 일어나 모든 국민이 하루 열 시간을 사무실이나 공장에서 일하기 위해 사는 노동사회는 이제 오지 않을 것이다. 그러니 아침부터 일어나 학교에 가서 훈육을 견딜 필요도 없어졌다. AI가 대부분의 인간 노동을 대신할 '탈노동 사회'의 학교는 어떤 모습일까?

분명한 것은 세상의 기준을 세우는 축 자체가 변화하는 시간, 불확실성의 불안을 견디는 시간이 지나고 있다는 것이다. 지금의 아이들은 세월호 사태나 코로나 팬데믹처럼 어처구니없는 재난과 재앙 상황이 벌어지더라도 침착하게 대응하며 살아남을 수 있는 순발력과 회복 탄력성을 길러야 하는 세대다. 수시로 변화하는 안팎의 환경 속에서 개인과 가정, 지역과 국가의 살림살이에 적절히 개입하면서 첨단 과학기술을 활용할 줄 알아야 하고, 내적으로는 공황 상태에 빠지지 않을 수 있는 지혜와 마음의 근육을 키워야 할 것이다.

우리가 지금 하고자 하는 '전환의 교육' 혹은 '교육의 전환'은 바로 이런 근원적 위기 상황에서의 전환이어야 한다고 나는 생각한다. 국가와 시장, 그리고 그들 간의 균형을 이루며 활성화되었던 시민사회가 붕괴하고, 가족의 붕괴 또한 역력한 상황. 결국은 모두가 난민이자 고아가 된 상황을 감지하면서 시작되는 새로운 실험일 것이다.

그래서 전환을 꾀하는 교육은 그간의 대안학교처럼 정형화된 학교의 태를 만들고 훌륭한 커리큘럼을 짜보려 해서는 안 될 것이다. '아이의 미래를 설계할 수 있다'는 자만이나 '프로그램을 통해 학생들을 깨어나게 할 수 있다'는 착각에서 벗어나야 하며, 부모는 아이를 자신이 책임져야 할 존재로 여겨 불안과 공포 속에서 관리하려는 강박을 내려놓아야 한다. '전환을 모색하는 학교'의 초점은 학생과 교사를 비롯한 모두가 서로로부터 배우는 능력을 갖게 되는 것, 삶을 외면하지도 묵시록만 읊어대지도 않으면서 서로를 연결하는 소통과 신뢰의 생태계를 이루어내는 것에 놓여야 한다.

나는 난민적 공생의 장을 열어가는 일은 '만물이 서로 적대하는 세상'을 '만물이 서로 돕는 세상'으로 만들어가는 일에서 시작된다고 본다. '각자도생'의 승자독식 사회를 '만물이 서로 돕는' 공생 사회로 전환하는 일이다. 이는 작게는 이웃을, 크게는 우주의 한 마을인 지구를 살려가는 일이기도 하다. 국민국가 정치를 일정하게 낙후시키고, 개개인에서 시작하는 튼튼한 시민 생명 거버넌스를 만들어내는 것, 빈부 격차를 줄이기 위해 최저 임금만이 아니라 최고 임금도 정하는 것, 세금의 재분배로서의 복지제도가 아니라 환경을 망친 데 대한 보상의 개념이 포함된 시민배당제도를 도입하는 것, 물적 생산 노동에 대한 지급만이 아니라 망가진 사회를 되살려내는 '활동'을 활성화하는 기본소득제도를 실현함으로써 새로운 공생의 시대를 열어가야 할 것이다.

살아남으려 하기보다
세상을 구하려는 자가 살아남는다

앞에서 언급했지만 스마트폰 세대이자 마스크 세대인 지금의 아이들은 조숙하다. 초등학교 2학년 정도만 되면 자기 세계관을 형성하고 우주를 형성해가는 존재로 사유하고 행동한다. 어쩌면 지금 같은 파국적 시점이 급반전의 시대가 될지도 모른다. 이번 코로나 팬데믹을 계기로 맞춤 교육과정을 짜는 부모와 교사들이 늘어나면서 변화 가능성을 보기 시작한 이들이 늘어나고 있다. 이런 추세로 간다면 생각보다 빨리 반전이 가능할 것 같기도 하다. 새로운 학습 생태계들이 일상적 공간에서 만들어지고 있으리라는 기대를 해본다.

사회학자 리처드 세넷은 구체적인 실천을 통해 스스로 삶을 만드는 존재인 인간을 이해하고 설명하는 호모 파베르 3부작을 썼는데, 그 첫 권 『장인匠人』은 삶을 더 낫게 만드는, 일상생활 유지에 필요한 물리적인 것들을 만드는 존재를 다루었다. 손으로 뭔가를 만들어가는 창조자 인간은 최근 AI라는 존재를 만들어 인간의 손과 발과 머리를 확장해가고 있다. 드디어 인간은 자신과 매우 유사한 존재를 만들어내는 존재가 되었는데, 지금 자라는 세대는 피노키오를 만든 제페토 할아버지처럼 자신이 만든 특별한 존재와 아주 좋은 관계를 맺으면서 세상을 구해야 한다.

두 번째 책 『투게더』에서는 인간의 특별한 사회적 기술, 곧 '함께 사는 법'을 다루고 있다. 더불어 사는 능력을 키우는 것이 교육의 핵심인데, 지금의 아이들은 사람 간의 관계만이 아니라 지구상의 여타 생명과의 소통과 지구 밖 우주적 존재와의 소통도 고려해야 하는 존재이다.

세 번째 책 『짓기와 거주하기』는 인간이 함께 모여 사는 공간인 도시의 윤리를 다룬다. 여기서 아이들이 걸어서 갈 수 있는 카

폐나 마을 도서관, 아이들의 장난감을 포함한 물건들이 활발하게 교환되는 장터, 음식을 만들어 같이 먹는 동네 부엌과 동네 어른들이 절기에 따른 의례를 거행하는 신성한 장소 등이 모여 있는 생태계를 떠올려보자. 우리 아이들이 살아갈 마을이다.

'네 시간 자면 성공하고 다섯 시간 자면 실패한다'는 70년대식 협박 속에서 집과 학교와 학원을 오가고 있는 아이들이 해방될 날도 멀지 않은 것 같다. 오감과 육감을 다 열고서 하고 싶은 것을 스스로 찾아 배우는 존재로 살아갈 날 말이다. 거대한 하이테크 기업들이 이들을 온라인 좀비로 만들어버리기 전에, 입시교육으로 이들이 컴퓨터가 더 잘 해내는 일을 익히느라 청춘을 바치기 전에, 미래를 만들어갈 기술과 협력을 해낼 수 있도록 자율과 공생적 시공간을 열어낼 궁리를 해야 한다. 겁에 질린 아이들의 안전한 피난처로 굳어가는 학교를 생기 있는 존재들이 어우러지는 살림의 장소로 바꾸어내야 한다.

이런 시대를 누구보다 일찍 감지한 이반 일리치는 1990년 하노버 연설에서 이렇게 말했다. "우리는 고통을 겪습니다. 우리는 아픕니다. 우리는 죽습니다. 그러나 우리에게는 희망과 웃음, 축복이 있습니다. 우리는 서로를 보살피는 기쁨을 알고 있습니다. 건강에 대한 두려움에서 시선을 돌려 삶의 기술과 고통을 감당하는 기술, 죽음의 기술을 익혀야 합니다."

근대 인간들이 만들어낸 삶의 고통과 비참을 감지한 존재, 인간중심주의를 넘어서 동물과 식물과의 연결성을 감지하는 존재, 더불어 살아갈 세상을 인식하고 AI와 긴밀하게 상호작용하면서 새로운 세상을 만들어갈 탁월한 존재가 성장하는 학교가 만들어질 때가 왔다. 이 '탁월한' 존재들은 세속적으로 유능한 사람이 아니라 뒤르켐이 말한 사회적 의식, 사회적 영성을 지닌 존재일 것이다. 자신과 연결된 공동체가 만든 세상의 비참함을 느끼고 비통해하면서도 무력감에 빠지지 않고, 새로운 언어를 만들어내고 튼튼한 집을 지으며 계속 살아갈 내공을 가진 존재이다. 이런 아이들과 함께할 부모와 교사는 아이를 통제 관리하려는 강박을 내려놓고, 답이 없는 묵시론적 혼란의 시간에 개벽의 기운을 느끼며 아이와 함께 손잡고 가는 사람들일 것이다.

'아동기'를 설정하고 아이와 어른 세계를 격리했던 근대적 제도와는 이제 결별하자. 제도권 학교를 거부하고 해체된 가족을 원망하기보다, 서로 의지하고 믿는 사람들이 상호부조하며 학교 아닌 학교를 만들고 마을을 만들면서 생기 있는 삶을 회복해낼 때다. 아이를 키울 만한 동네가 만들어지지 않는 한, 청년들의 결혼 파업과 출산 파업은 지속될 것이며 분노와 박탈감은 더욱 심해질 것이다. 경쟁과 적대의 총량을 줄이고 돌봄과 환대의 총량을 늘리면서 지속가능한 삶의 장을 회복하는 것, 함께 모여 각자가 가진 자원을 나누고 기운을 나누는 것이 삶과 교육을 전환하려는 이들이 집중해야 할 활동일 것이다.

동네 안에 있는 작은 학교와 이런저런 살림의 시공간은 팬데믹 시대를 지혜롭게 살아갈 최선의 아지트들이다. 마을 주민들이 이웃으로서, 피를 섞지 않은 삼촌과 이모로 남다른 인연을 맺고 소중한 경험을 나누게 될 때 기적이 일어날 것이라고 나는 믿는다. 혐오와 적대의 시대가 지나가는 것, 툰베리 세대의 한국 청소년들이 전 지구적으로 일어나고 있는 '미래를 위한 금요일' 시위에 나가기 시작하는 것, 입시체제로 공고해진 한국 교육판이 갑자기 바뀌는 것, 우리 아이들이 자신들의 수명대로 건강하게 살다가 노인이 되어 세상을 떠나는 것, 그런 기적들 말이다. 그래서 어른으로서 우리가 해야 할 일은 '만물은 서로 돕는다'라는 주문을 외우며, 우리와 인연을 맺게 된 동네 아이들이 세상을 구할 수 있게 돕는 일이다. "서로를 살리며 스스로 서는 아이들"이 지속가능한 마을을 만들어가는 일을 지켜보고 또 도우면서 부디 생기 넘치는 하루하루를 보내시기를!

(vol. 103, 2016. 1-2)

스스로 서서 서로를 살리는 교육으로 가는
길가에 핀 '민들레'를 만나보세요.

정기구독 신청

교육=학교교육이라는
통념을 깨고

삶이 곧 배움이 되는 새로운
교육문화를 만들어갑니다.
가르침과 배움의 경계를 허물고
함께 배우고 성장하고자 하는
이들이 손을 잡을 수 있게 돕습니다.
자기가 선 곳에서 교육을 바꾸어가는
부모와 교사, 학생들이
전국 70여 군데에서 활발히
독자모임을 이어가고 있습니다.

교사라는 울타리를
넘어

격월간 『민들레』는 '교사의 시선'에
머물러 있던 저에게 부모와 육아,
대안학교와 청년들의 문제까지
넘나들며 여러 사람들의 관점을
연결해주었습니다. 그리고
희망이라곤 찾을 수 없었던
'교육' 속에 생기를 불어넣으며
새로운 싹을 틔우는
사람들 소식을 전해주었습니다.
우리는 누군가에게 닿아야 살아갈 수
있습니다. 삶의 기척을 알아채고
서로에게 기대면서 말이지요. 저는
그 벗으로 『민들레』를 선택했습니다.

_ 전 초등학교 교사 양영희

구독 안내

낱권 11,000원
일 년 구독료 66,000원

10명 이상 함께 신청하시면
구독료를 10% 할인해 드립니다.

정기구독을 하시면 민들레에서 펴낸 책
구입 시 10% 할인해 드립니다.

02) 322-1603 | www.mindle.org
mindle1603@gmail.com